잘될 수밖에 없는
대화법

잘될 수밖에 없는 대화법

이상각 지음

말하고

듣고

맞장구쳐라

VIVA체

말은 곧 사람이다. 말 한마디가 곧 그 사람을 상징하기 때문이다. 그러므로 자신의 뜻을 제대로 표현하는 능력은 기술이라기보다는 인생을 지혜롭게 살아가기 위한 필수 요건이라고 할 수 있다.

사람들은 마케팅이나 선거유세처럼 뚜렷한 목적이 있는 상황이 아니라면 낯선 이와 얼굴을 맞대야 하는 대화를 본능적으로 피하게 마련이다. 나는 호의적인 태도로 말을 걸었는데 상대편에서 노골적으로 거부감을 표하거나 은근히 적의를 드러내는 경우가 많기 때문이다.

이런 현상은 요즘 보편적인 소통 수단이 된 SNS에서도 마찬가지다. 이런저런 커뮤니티를 드나들다 보면 상대방의 댓글에 마음 놓고 응대했다가 봉변당한 사람이 한둘이 아니다. 그러면 자연스럽게 글쓰기에 대한 두려움이 생기고 간단한 대화에도 공포심을 갖게 된다.

그럼에도 불구하고 첫인상만으로 자연스럽게 호감이 생겨 소통하고 싶은 사람이 있다. 간단한 의사 표현에 대한 짤막한 동의나 칭찬으로도 상대방의 진정성을 느끼고 격의없는 대화가 이어진다. 그러다 보면 두 사람의 관계가 진전되어 고민이나 기쁨을 함께 나누게 되고 급기야 현실적인 교류를 맺는 경우도 있다.

"어떻게 하면 그런 대화를 할 수 있지? 그 사람들은 본래 사교성이나 말재주가 좋은 거 아냐?"

이렇게 의심하는 독자가 있다면 나는 이렇게 말해주고 싶다. 성공하는 대화의 기술은 어떤 특별한 방법이 있는 것이 아니라 상대방을 주인공으로 만드는 것이다. 마치 오토바이를 처음 탈 때 내가 나아갈 방향을 똑바로 바라보면 저절로 코너링이 되는 것과 마찬가지다.

나는 누구에게나 호감을 사는 사람, 친숙한 사람, 재미있게 말하는 사람, 따뜻한 사람이 되고 싶다. 이 소망의 해답은 경청이다. 그런데 경청이 빛을 발하려면 맞장구가 필요하다. 마치 잔칫집에서 두 사람이 마주 보고 장구를 치며 흥을 돋우듯 상대의 리듬에 반응하여 분위기를 고조시켜야 하는 것이다.

사람은 누구나 관심받고 싶고 존재감을 드러내고 싶다. 이런 사람의 호감을 끌어내려면 당연히 상대방의 이야기에 귀 기울이고, 상대방이 더 많은 이야기를 할 수 있도록 분위기를 만들어주면 된다. 그가 자신의 이야기를 꺼내기 전에 내가 먼저 무슨 일이 있었는지 묻는다면 자연스럽게 신나는 대화의 무대가 열리는 것이다.

이 책은 화술의 디테일한 내용보다는 대화에서 상대방을 주인공으로 만드는 일상에서의 실전적인 용례를 제시하고자 했다. 당신이 이중에 하나라도 잘 활용한다면 친구를 얻고 동료를 얻고 애인을 얻고 든든한 상사를 얻는 기적을 경험하지 않을까?

7장 관계를 다지는 아름다운 거짓말

8장 아무렇지 않은 척하면 정말 아무렇지 않다

9장 잡담도 능력이다

10장 사람을 얻는 대화의 기술

1장

사람들은
잘 듣는 사람을
더 좋아한다

사람들은 이야기를 잘하는 사람보다
잘 듣는 사람을 좋아한다

성공하는 대화술의 첫 번째 명제는 경청이다. 아무리 언변이 뛰어난 사람이라도 듣는 귀가 없다면 그 사람의 말은 가벼운 말장난이 되기 십상이다. 경청은 자신의 인격을 살찌우고 말에 깊이를 더해주는 원모심려(遠謀深慮)의 작전이다.

"어떤 칭찬의 말에도 동요하지 않는 사람이 자신의 이야기에 마음을 빼앗기고 있는 상대방에게는 마음이 흔들린다."

이런 자크 워드의 조언이 아니더라도 이야기를 열심히 들어주는 것은 상대방에게 신뢰감을 주고, 대응하는 자신의 말에 관심을 기울이도록 해주는 효과를 준다. 경청은 또한 상대방의 내심을 파악하고, 자신이 해야 할 말의 밑그림을 그릴 수 있다는 장점이 있다. 그러므로 아무리 의욕이 넘쳐 하고 싶은 말이 강물을 이룬다 할지라도 섣불리 자신을 드러내서는 곤란하다. 적절한 경청과 맞장구로 무장을 갖추자. 그렇듯 주도면밀하게 준비태세를 갖춘 다음, 비로소 화술의 창날을 벼려야 하는 것이다.

대개 경험 많은 사람이 현명한 것처럼, 많이 들어본 사람이 말을 잘하는 것은 인지상정이다. 화술에 능한 자는 처음 5분에 상대의 마음을 장악한다. 첫인상이 자신의 말에 깊은 신뢰감을 준다는 것을 잘 알고 있기 때문이다.

이런 경우는 일상생활에서 수도 없이 목격한다. 어떤 가게주인은 의도하지 않게 계속해서 손님을 쫓아내고, 어떤 가게주인은 기묘하게도 손님을 끌어들인다. 그 차이를 가져오는 가장 큰 요인은 다름아닌 신뢰의 말 한마디이다.

상품에 어느 정도 하자가 있어 고객이 찾아왔다고 해보자. 고객의 불만을 들어주고 성실히 애프터서비스를 해주는 주인과 자기 상품에는 아무런 문제가 없다고 우기며 고객과 한판 겨루려는 주인 중 과연 고객의 화가 누그러지는 쪽은 어디이겠는가. 정답은 빤하지 않은가.

그런데도 세상에는 화술에 있어 실패의 눈물을 삼키는 사람들이 늘 존재한다. 그들은 왜 남의 말에 귀를 기울이지 않을까? 성공하는 사람은 적의 욕설도 경청하고, 적의 장점을 배운 이들이다. 아이삭 마커슨 기자의 탄식을 들어보라.

"자기 할 말만 생각하고 있느라고 귀를 닫아두고 있는 사람이 꽤 많다. 하지만 높은 지위에 있는 사람들은 이야기를 잘하는 사람보다는 잘 듣는 사람을 좋아한다. 그런데 의외로 듣는 재능을 가진 사람이 드물다."

타인의 입장에 서보거나 그들의 마음을 이해할 수 있는 사람은 자신의 인생을 누구보다도 잘 가꿀 수 있다. 실천하지 않는 이론은 아무런 가치가 없다.

지금 당신의 대화 상대는 당신의 일에 그다지 관심이 없다. 소말리아에서 수십만 명이 기아선상에 시달려도 사람들은 아침 한 끼 굶은 자신을 더 가엾게 생각한다. 그들을 바꾸려 하지 말자. 지금 바꾸어야 될 사람은 바로 자기 자신이다.

· POINT ·

어떤 칭찬의 말에도 동요하지 않는 사람이 자신의 이야기에 마음을 빼앗기고 있는 상대방에게는 마음이 흔들린다.

15

따스한 친절에 숨은
냉혹한 반대급부를 읽어라

　우리가 대화를 통해 풀어나가야 할 인간관계는 일면 냉혹하면서
도 따스한 이중적인 면이 있다. 나의 태도 여하에 따라서 대화 상대
의 반응이 결정된다는 의미이다.

　사회학자 호만즈가 "모든 사회관계는 경제의 거래나 선물의 교환
과도 같은 것이다."라고 말한 것처럼, 인간관계에는 보이지 않는 규
칙이 있다. 그것은 곧 공짜란 없다는 사실이다.

　우리는 친절을 베풀 때 무의식중에 상대방의 감사를 전제로 한
다. 동정을 보일 때는 자기만족이라는 가치가 밑바탕에 숨어 있음을
부정할 수 없다. 무조건적으로 보이는 부모님의 사랑에도 노후의 부
양이나 가족의 행복이라는 대가가 있으며, 연인 간의 사랑에도 쾌락

이라는 반대급부가 잠재되어 있다. 눈을 들어 세상을 보자. 목사, 스님, 교사, 자원봉사자들의 행위가 아가페(Agape)로만 보이는가? 물론 그런 면을 부정할 수는 없다. 하지만 이 역시 의도적이든 아니든 자기실현, 자기만족이라는 커다란 열매를 대가로 거둔다.

이렇듯 대부분의 인간관계는 조건반사적인 일면이 있다. 나의 행위가 상대방에게 자극을 주고, 어떤 반응이 되돌아옴으로써 관계가 이루어지는 것이다. 가령 선의를 가지고 슬픔에 빠진 친구를 위로해 준다든지, 심심한 친구와 놀아주는 일련의 행위도 그와 같은 범주에서 결코 벗어날 수 없다.

인간관계는 마땅히 해야 할 일을 하느냐 하지 않느냐에 따라 거리가 결정된다. 인사, 변호, 축하, 조문, 파트너십 등은 마땅히 해야 될 일이다. 그런데 이런 일을 도외시함으로써 관계의 맥이 끊어지는 일이 자주 일어난다. 인간관계를 만들고 고양시키는 데에도 관심을 쏟아야 하지만, 상처받은 관계를 회복시키는 데에도 신경 써야 한다.

축구에서 룰을 지키지 않는 선수는 경고를 받거나 퇴장을 당하는 것으로 끝나지만, 사회생활에서는 엄청난 대가를 치르게 되는 경우가 종종 있다. 그러므로 한번 맺은 관계를 잘 유지하려 노력해야 함은 두말할 필요조차 없겠다.

· POINT ·

모든 사회관계는 경제의 거래나 선물의 교환과도 같은 것이다.

말 한마디로 빚은 못 갚아도
마음은 얻을 수 있다

모든 말에는 목적이 있다. 좋은 화술이란 그 목적을 달성하는 방법이라 바꿔 말할 수 있다. 세일즈맨의 화술은 물건을 팔기 위함이고, 정치인의 화술은 유권자들의 표를 얻기 위함이며, 방송인의 화술은 시청자들에게 보다 명확한 정보를 주기 위함이다.

말을 할 때 그 목적을 잊어버려서는 안 된다. 대화 상대를 직시하자. 그러지 못하겠다면 차라리 침묵이 금이다. 이와 관련하여 내가 어떤 음식점에서 들렀을 때 직접 본 일을 예로 들어 풀어보겠다.

한 손님이 식사를 마친 후 음식 값을 지불하면서 주인에게 넋두리했다.

"이 집은 왜 이렇게 비싸요? 맛도 다른 음식점과 별 차이가 없는 것 같은데요."

그러자 주인은 화를 벌컥 내면서 이렇게 대답했다.

"무슨 말을 그렇게 하십니까. 우리 집은 최고의 재료에 최고의 요리사를 쓰고 있습니다. 맛이 없다면 다른 집에 가서 드시지요."

기분이 나빠진 손님은 잔뜩 얼굴을 찌푸린 채 문을 열고 휙 나가 버렸다.

이런 상황에서 다음을 예상해볼 수 있다. 이제 그 손님은 그 집을 다시 찾지 않을 것이다. 게다가 주변 사람들에게 "저 집 음식은 형편 없어.", "저 가게주인은 도대체 장사할 줄 모르는 사람이야."라고 말하게 될 것이다.

이런 입소문이 나게 되면 그 음식점의 앞날은 뻔하다. 아무리 좋은 메뉴에 맛있는 요리를 갖춘대도 건방진 주인이 보기 싫어서라도 손님들은 그 집을 기피할 것이다. 그때 주인이 이렇게 대응했다면 어떤 결과가 나타날까?

"아, 손님. 우리 집에서는 신선한 음식 재료를 사용하기 때문입니다. 하지만 좀 비싼 감이 없지 않지요? 좀더 좋은 구매처를 찾아서 음식값을 낮추어보도록 노력하겠습니다."

말 한마디만 바꿔도 손님에게 신뢰감을 주고, 기분 좋게 지갑을 열도록 할 뿐만 아니라, 다른 사람에게도 그 음식점을 친절하고 맛있는 집으로 소개하게 된다.

간단한 말 한마디가 사업을 망하게도 흥하게도 하는 것이다. 목적을 잊지 않는 말, 그것은 달변의 미사여구보다 훨씬 커다란 위력을 지닌다. 말 한마디로 보이지 않는 수만의 원군을 확보하게 되는 것이다. 친절한 말 한마디가 미래를 바꿀 수 있다.

· POINT ·

대화 상대를 직시하자. 그러지 못하겠다면 차라리 침묵이 금이다.

컵에 물이 반이나
남았다고 말하는 사람

누구나 한 번쯤 들어보았을 유명한 성격 테스트가 있다. 바로 '물
이 반쯤 채워져 있는 컵이 있다. 뭐라고 말할 것인가?'라는 질문과
다음의 두 가지 선택지이다.

- "물이 반이나 남았네."
- "물이 반밖에 남지 않았네."

전자는 긍정적인 사람이고 후자는 부정적인 사람이라는 게 테스
트 결과다. 두 유형 중 어느 쪽이 사람들에게 환영받을까?

우울한 사람을 만나면 저절로 우울해지고, 명랑한 사람을 만나면

저절로 흥에 겨워 떠들기 마련이다. 그럼 당연히 부정적인 사람보다는 긍정적인 사람을 만나고 싶어 하지 않을까?

인간이 삶의 동기부여로 삼는 것은 이익, 즐거움, 쾌락, 여유 등의 긍정적인 면이지, 결코 손해, 경멸, 고통, 소란 등이 부정적인 면이 아니다. 그러므로 매사를 긍정적이며 밝은 면으로 이끌어야 한다.

"말에 앞서 마음 있고, 말에 이어 행동 있다."라는 격언이 있다. 인간의 말이나 행동은 마음이 그 원천이라는 것을 잊지 말자. 마음이 병들고 썩었다면 어떻게 밝고 싱그러운 언행이 나올 수 있겠는가. 인간관계에서 호감이 가는 사람의 기본자세를 견지하는 것, 긍정적인 자세로 밝게, 여유 있는 미소, 따뜻한 배려가 당신의 이미지를 보다 아름답게 만들어준다.

· POINT ·

말에 앞서 마음 있고, 말에 이어 행동 있다.

입만 열면 허풍인 사람,
한마디를 해도 진실된 사람

화술을 세일즈맨들의 필수 덕목쯤으로 치부하던 때도 있었다. 그때는 화술에 대한 훈련도 조악하기 그지없어서 유머집을 통하여 언변술을 익힌다든지, 웅변, 연극 등의 발성을 익히는 데 골몰했다. 그러나 오늘날은 말이 곧 힘이 되고 에너지를 고양한다는 걸 모르는 사람이 없다. 엉터리 기법으로는 좋은 결과를 맺지 못할 뿐만 아니라 인간관계에 해악을 끼칠 위험성이 다분하다.

좋은 화술이란 진실한 정신과 참다운 개성에서 비롯된다. 허풍으로 가득한 과장된 이야기는 어디에서도 환영받지 못한다. 현대의 인간관계는 자연스러움을 강조한다. 마치 가까운 사람과 이야기를 하듯 태연하고 편안하게, 힘차게 쏟아내는 말 한마디가 바로 자신의 생각을 전하는 웅변이 되는 것이다.

진실이 아닌 것은 아무리 많이 알고 있어도 쓸모가 없다. 그뿐만 아니라 대화 상대에게 실망만을 안겨준다. 설혹 한순간의 인기를 끌지는 몰라도, 그 여운은 오래도록 자신을 해치게 되어 있다.

모름지기 사람과 사람의 대화는 화자와 청자 간의 진실한 교감으로 이루어진다. 제풀에 신이나 대화 상대에게 과시하는 듯한 태도를 보여서는 곤란하다. '나는 상대에게 배운다', '상대는 나의 말을 듣고 자신의 견해를 바른 방향으로 조정한다'라고 생각하자. 그러한 겸손과 신뢰가 바탕에 깔렸을 때 대화 상대는 비로소 당신이 하는 말에 귀를 기울이게 될 것이다.

화술은 말을 능란하게 잘하는 능력이 아니다. 말에 담겨 있는 진심이야말로 그 말에 힘을 실어준다. 자연스럽게, 진실되게 자신을 뜻을 전달하는 것이 현대 화술의 일계임을 잊지 말자.

• POINT •

허풍으로 가득한 과장된 이야기는 어디에서도 환영받지 못한다.

프레젠테이션이 떨린다면
우선 한 사람 앞에서 말해보라

수학자 퀸터리언은 "만사는 이야기하고자 하는 내용에 있는 것이 아니라 이야기하는 방식, 즉 화술에 달려 있다."라고 단언했다.

나는 화술이란 인간의 자유를 위한 도구라고 생각한다. 그래서 말을 조리 있고 능숙하게 하는 훈련은 오히려 사람과 사람의 단절을 이어주는 과정이라고 믿고 있다.

그러므로 청중 앞에 서기만 하면 온몸이 굳고 입이 얼어붙는 사람들에게 이렇게 말해주고 싶다.

"딱딱한 자신의 껍질을 깨고 나오면 따스한 세상의 환대가 기다리고 있다."

사람들 앞에서 말하기를 어려워하는 사람들이 제일 문제로 꼽는 것은 청중 앞에 서면 심신이 동시에 굳어진다는 것이다. 다리가 떨리고 얼굴이 붉어지는 것은 기본이고, 자신이 무슨 말을 해야 할지 아무런 생각이 떠오르지 않는다고 한다.

이를 어떻게 극복해야 할까? 이론은 간단하다. 꾸준한 실전 연습만이 정답이다. 한 사람 앞에서, 그다음 두 사람 앞에서, 다음 다섯 사람 앞에서 말을 하는 것이다.

그러면서 틈틈이 작가 지망생들이 대가의 작품을 베껴 쓰면서 유연한 필력을 익히듯 연극 대본이나 시나리오를 구하여 큰 소리로 읽고 몸동작을 취해보는 것도 좋다.

해방의 순간은 도둑처럼 찾아올 것이다. 문득 청중의 눈을 똑바로 마주할 수 있게 되고, 청중의 호흡에 즐거이 리듬을 맞출 수 있게 된다. 마음껏 자신의 언어를 만들어내고 주도적으로 막힘없이 말할 수 있을 것이다. 더불어 당신의 활기찬 목소리와 신념에 찬 주장을 통하여 청중은 미처 느끼지 못했던 또 다른 세계를 만나는 축복을 누릴 것이다.

사람에게는 누구나 다른 누구와도 견줄 수 없는 특별한 무엇이 있다. 그것이 무엇인지를 발견하고, 그 가치에 아름다운 조각을 해야 한다.

아무리 동조자하는 사람이 많은 견해라 할지라도 당신의 입을 통해 흘러 나감으로써 전혀 새로운 반응을 얻게 될 수 있다. 그것은 마치 평범한 곡이 대가의 손을 거침으로써 찬란하게 발현되는 것과 마찬가지다. 자신을 지켜라. 나를 통하여 어두움이 걷히고 세계가 열린다고 믿으라.

• POINT • ‖‖

한 사람 앞에서, 그다음 두 사람 앞에서, 다음 다섯 사람 앞에서 말을 해보자.

대화는
주고받아야
하는 것

티키타카 없으면
대화가 아니다

대화에서는 일방적인 화자나 청자가 있을 수 없다. 대화는 두 사람의 말하기와 듣기가 교차하는 상호작용이다. 그 과정에서 설득과 거부, 교섭과 합의 등이 이루어지는 것이다.

과학자 뉴턴이 '작용과 반작용'에 대해서 말했듯이, 두 에너지가 만나면 반드시 마찰열이 발생한다. 그런 의미에서 서로의 의견을 나누며 생기는 여러 현상은 마찰열이라 할 수 있다. 번갯불이 튀거나 교합이 이루어지는 일이 그 예이다.

그러므로 상대를 만나면 자신의 뜻을 명확하게 밝혀야 한다. 상대의 언변에 질려버린 듯 입을 다물고 있다면 그것은 경청도 아니고 대화도 아니다. 전화를 걸었는데 상대와 통화가 안 되었다면 메시지나 메일을 남겨야 어떤 반응을 기대할 수 있는 것과 마찬가지다.

경쟁이나 성공은 혼자서는 성사될 수 없다. 선도자든 라이벌이든 누군가 같은 길을 달리는 사람이 있어야만 가능한 것이다. 목적하는 바가 있다면 결코 그 궤도를 벗어나서는 안 된다.

그렇다면 대화 상대가 소극적일 때는 어떻게 해야 하는가. 애써 화제를 떠올려 말을 꺼냈는데도 상대방의 반응이 나타나지 않으면 분위기는 금방 어색해지게 마련이다. 이때 어떤 사람은 감각적으로 화제를 돌리겠지만 마음의 여유가 없는 사람은 당황하여 대화의 끈을 놓치기 십상이다. 그러면 곧 어색한 침묵이 흐르고, 만사는 도로 아미타불이 된다.

대화 상대가 소극적일 때에는 사전에 상대방의 성격에 맞춰 색다른 화제를 준비하거나, 손쉬운 잡담을 활용하면 좋다. 다시 말해 자극을 주어 마찰 에너지를 발생시키는 것이다. 담배를 권한다든지, 가족들 이야기, 프로야구 경기 등을 소재로 가볍게 잽을 날리면 반응하지 않을 상대는 드물다.

그런 와중에 표출되는 상대의 견해에 귀를 기울이면서 자신의 화제를 꺼낼 기회를 찾는 것이 좋다. 그런 틈이 발견되지 않는다면 최소한 자신에 대한 인상을 좋게 한 다음 자리를 맺는 것이 현명할 것이다.

상대의 언변에 질려버린 듯 입을 다물고 있다면 그것은 경청도 아니고 대화도 아니다.

상대의 무관심을
관심으로 돌리는 비법

예일대학의 교수 펠프스는 경청과 조언에 대한 해박한 지식으로 사람들에게 많은 도움을 주었다. 그는 "누구나 자신의 관심사를 이야기하고 조언해주는 상대에게 매우 좋은 인상을 품는다."라고 단언했다. 그러면서 그는 타인을 만날 때는 최소한의 정보라도 연구한 다음 만나라고 권했다. 그래야만 대화가 의미 있고 바람직한 결과를 도출한다는 것이다.

이런 그의 깨달음은 어린 시절의 작은 경험에서 비롯되었다고 한다.

열 살 때 펠프스는 스트래드포드에 있는 숙모댁에 머물고 있었는데, 어느 날 한 남자 손님이 그 집을 방문하였다. 마침 숙모는 외출 중이어서 그 손님은 시간을 보내기 위해 펠프스와 함께 이런저런 이야기들을 나누었다.

당시 펠프스는 모터보트에 열중하고 있을 때라, 손님이 말을 걸어오자 신이 나서 모터보트에 대해서 재질이나 조립 방법, 엔진 등 전문적인 부분에까지 장광설을 늘어놓았다. 그러자 그 손님은 이렇게 맞장구를 쳐주면서 들어주었다.

"보트의 길이는 어느 정도가 적당할까?"

"그건 엔진의 성능에 따라 틀리죠. 가령……."

"그렇다면 네가 가장 좋아하는 보트의 형태는 어떤 것이라고 생각하니?"

"보트의 형태는요, A형에도 다섯 가지가 있고요, B형에도 세 가지가 있는데 저는……."

신이 나서 이야기한 지 두 시간이 지났지만 펠프스는 아직도 할 말이 많이 남았다. 다행히도 숙모가 집에 돌아오는 바람에 그의 즐거운 시간은 끝이 났다. 나중에 손님이 용무를 마치고 돌아간 뒤 펠프스는 숙모에게 이렇게 물었다.

"아까 그 손님, 정말 좋은 분이세요. 혹시 모터보트 전문가 아닌가요?"

그러자 숙모는 웃으면서 대답했다.

"그분은 변호사란다. 내가 법률 상담을 할 게 있어서 초빙했는데, 실례를 범하고 말았구나. 아무튼 모터보트에 대해서는 잘 모르실 텐데……."

"하지만 저와 말이 잘 통했단 말예요."

펠프스가 눈을 동그랗게 뜨며 되묻자 숙모는 그의 머리를 쓰다듬으며 말했다.

"그분은 네가 모터보트에 관심이 많은 걸 알고 경청해주신 거겠지. 너는 신나서 떠들고 그분은 그런 네가 재미있어서, 또 모터보트 이야기가 흥미로웠을 수도 있겠다. 아무튼 그분은 참 대단하구나. 처음 만난 너의 마음을 이렇게 꽉 사로잡았으니 말이다."

• POINT •

누구나 자신의 관심사를 이야기하고 조언해주는 상대에게 매우 좋은 인상을 품는다.

경청은 최고의
정보의 수집

공식적인 자리에 여러 사람과 함께 있을 때 분위기에 동화되지 못하고 입을 꾹 다문 채 어쩔 줄 몰라 하며 몸을 꼬는 사람들이 있다. 그들의 사정은 이렇다. 어쩔 수 없이 참석한 자리라 좌중에서 오가는 이야기에는 도무지 관심이 없다. 그저 어떻게 하면 이 자리에서 벗어날까만을 모색할 뿐이다.

만일 그들에게 다가가 좌불안석하는 까닭을 조용히 묻는다면 이렇게 말하지 않을까.

"나와는 상관없는 이야기이니까요."

"도통 알아들을 수 없는 말들을 하는데, 아는 척할 수도 없으니 가만히 있을 수밖에요."

분명 이들의 말에 일리가 없는 것은 아니다. 하지만 이는 '나는 아무런 열정이 없다'라는 말과 같다.

그런 자리야말로 타인에게 자신에 대한 깊은 인상을 심어줄 수 있는 절호의 기회이다. 세일즈맨이라면 적극적으로 자신의 일에 대하여 선전할 수 있고, 직장인이라면 자신의 업무를 밝히고 전혀 새로운 정보를 들을 수 있다.

하나의 화제를 자신의 것으로 만들어가는 것은 그 대응이 비판이든 성원이든 간에 유용한 것이다. 만일 화제가 빈곤하다면 사람들의 이야기를 주의 깊게 경청하자. 그 안에는 분명히 자신과 연관된 고급 정보들이 숨어 있다.

황금은 관심을 기울이며 찾는 사람의 눈에 띄는 법이다. 경청하면 이야깃거리가 생긴다. 귀를 기울이는 사람에게는 세 개의 입이 있다고 생각하자. 타인에게는 분명 나 자신이 겪지 못한 색다른 경험이나 정보가 있다. 또한 타인이 하는 말에 어떤 목적을 가지고 귀를 기울인다면 훨씬 가치 있는 내용을 찾아낼 수 있다. 경청으로 삭막한 광산에서 다이아몬드를 집어드는 사람이 되자.

· POINT ·

경청하면 이야깃거리가 생긴다. 귀를 기울이는 사람에게는 세 개의 입이 있다고 생각하라.

다 아는데 나만
모른 적이 있다면?

　목적에 따라 대화의 상대를 선택하는 것은 매우 중요하다. 평소 알고 지내던 사람이나 친구의 친구 혹은 업무와 관련된 사람으로부터 소개를 받는 방법이 보편적이고, 해당 분야의 전문가를 직접 찾아가 대면을 청하는 방법도 있다.

　평소 알고 지내는 사람이라면 별다른 문제가 없는 한 대화를 회피하지 않을 것이다. 이미 그는 당신과 어느 정도 인간적인 교감을 나누었기 때문이다. 또 친구나 지인에게 소개받았다면 소개해준 이가 당신이 대화하려는 상대에게 '당신을 보고 싶어 하는 사람이 있다'라든가 '내 친구가 당신에게 뭔가를 배우고 싶다'라는 말을 해주었을 것이다. 그러면 그 대화 상대는 어느 정도 열린 마음으로 당신과의 대화에 임할 것이다.

제일 어려운 대화 상대는 당연히 생소한 사람이다. 인간적인 교감도 전혀 없고 성격조차 알지 못한다. 더군다나 상대는 당신의 접근에 경계심을 가지고 대할 것이다. 어쩌면 귀찮다는 이유로 만남을 회피할는지도 모른다.

처음 만나는 사람과 대화로 당신이 목적하는 바를 이루려면 사전에 주도면밀한 계획이 필요하다. 우선 상대가 대화에 편안해질 수 있도록 배려함과 동시에 그에 대한 정보를 미리 수집하여 생소한 화제에 당황하는 일이 없도록 해야 한다.

상대의 취미, 친구, 인맥, 기호품 등에 대한 정보를 입수하면 그만큼 화제를 이끌어 나가기가 수월하다. 상대의 리듬에 맞추어 말의 수위를 조절한다면 그는 처음 만난 당신을 아주 오랜만에 만난 친구처럼 여기는지도 모른다. 이것이 정보의 힘이다.

처음 만난 자리에서 무턱대고 화려한 언변으로 상대를 부추기거나 설득하려 들면 마이너스 효과를 얻을 확률이 높다. 하지만 사전에 상대의 정보를 알고 대화를 시작하면 승리의 확률이 월등히 높다.

혹시 주변에 애쓰지 않아도 수많은 정보가 알아서 몰려드는 정보통이 있지 않은가? 그런가 하면 학벌이나 인맥 등의 여러 조건이 좋은데도 정보가 늦는 사람이 있다. 두 사람의 차이는 품성에서 그 이유를 찾을 수 있다. 자존심, 거만, 냉소, 비난 등은 정보의 동맥경화를 일으키는 마음의 찌꺼기이다. 결국 정보의 단절은 그 사람의 자업자득이다.

능동적이고 긍정적인 마음가짐을 견지하라. 주변 사람들에게 좋은 인상을 심어주도록 노력하라. 그것이 당신을 향한 정보의 혈소판임을 명심하라.

• POINT •

자존심, 거만, 냉소, 비난 등은 정보의 동맥경화를 일으키는 마음의 찌꺼기이다.

용건은 상대방의
호감을 산 다음에

    누군가와 대화를 할 때는 아무리 객관적인 의견을 내놓으려고 해도 일정 부분 주관적일 수밖에 없다. 왜냐하면 이야기의 정보나 자료의 근거는 결국 자신의 경험이나 지식으로부터 나오기 때문이다. 그러므로 양측의 견해가 어떤 합의에 도달하기까지는 서로 상충되는 부분을 양보하는 과정이 반드시 필요하다.

    대화란 한쪽의 일방적인 변설이 아니라 듣고 말하는 연속선상에서 상대의 입장과 나의 입장을 비교하고, 서로가 만족한 선에서 마무리하게 되는 것이다. 상대의 발언이 이치에 어긋난다고 판단될지라도 끝까지 듣는 성실함을 잃어서는 안 된다. 아무리 고급 자동차라도 내달릴 길이 없다면 쓸모없는 고철덩이에 불과하듯, 서로 이해하지 못하는 대화란 시간 낭비일 뿐이다.

현명한 화자라면 아무리 마음이 바빠도 상대가 흥미를 느낄 만한 미끼를 자주 던져 분위기를 풀어주면서 자신이 말하고자 하는 핵심 화제를 미루어놓는다. 그리하여 상대의 호감을 먼저 사놓은 뒤에 준비된 보따리를 풀어놓는 것이다.

사람들은 종종 자신의 가치와 역량을 상대에게 인정받고 싶어 하는 일면, 세간에서 하찮게 여기는 가정 문제나 자식의 진학 문제, 관혼상제 따위를 들어주는 것만으로도 마음을 여는 경우가 많다. 그러면 상대가 원하는 것은 무엇이든 도와주고 가르쳐주고 싶어 한다. 반면 자신의 내심을 무시하고 심하게 충고하거나 거만하게 가르치려는 사람에게는 강한 반발심을 품게 된다.

상대방에게 충분한 기회를 주자. 당신은 섣부른 화자가 아니라 때를 기다리는 청자가 되어야 한다. 그로 인하여 어쩌면 상대의 호감은 믿음을 넘어 의존으로까지 발전할는지 모른다.

· POINT ·

상대의 발언이 이치에 어긋난다고 판단될지라도 끝까지 듣는 성실함을 잃어서는 안 된다.

경청하는 습관

"신은 인간에게 두 개의 귀와 하나의 혀를 주셨다. 인간은 말하는 것의 두 배만큼 들을 의무가 있다."

이 말은 그리스의 철학자 제논의 말이다. 경청한다는 것은 그만큼 상대의 말에 대한 가치를 인정해준다는 뜻이다. 그런 상대에게 냉정한 사람은 거의 없으리라. 실제로 카페나 음식점에서 옆 테이블을 보면 상대의 이야기를 주의 깊게 경청하는 사람들을 쉽게 볼 수 있다. 그들은 고갯짓으로 긍정을 표시하면서 열심히 상대의 말에 귀를 기울인다. 그러면 말하는 사람은 더 흥이 나서 이야기할 테고 깊은 책임까지 느끼게 된다.

말을 잘하는 것도 중요하지만 말을 잘 듣는 것은 매우 중요하다.

미국 미네소타 대학에서의 연구 조사 결과 사람들은 다른 사람의 말을 들을 때 다음과 같은 다섯 가지 악습이 있다는 것을 알아냈다.

첫째, 듣지 않으면서 듣는 척하는 것
둘째, 상대의 말을 통째로 기억하려 하는 것
셋째, 이해하기 어렵거나 재미없는 이야기는 흘려듣는 것
넷째, 상대의 복장이나 화법 등에 민감하게 반응하는 것
다섯째, 주위 환경에 지나치게 신경을 쓰는 것

이는 실제로 사람들이 자주 범하는 실수이다. 말하는 사람은 진지한데 듣는 사람은 딴청을 피우거나 상대의 이미지가 좋지 않다고 해서 좋은 말도 흘려듣는 경우가 얼마나 많은가.

한편, 말하는 사람도 이런 장애물을 넘기 위해 애써야 한다. 상대방의 흥미를 끌 만한 내용을 말하며, 상대의 취향에 따라 알맞게 이야기의 수위를 조절한다든지 장소에 어울리는 이야기를 하는 식의 노력이 필요하다.

사람들은 자신에게 유익한 것을 원하기 마련이다. 쓸모없는 잡담도 무료한 시간을 보낸다는 목적이 있는 것이다. 상대에게 흥미를 주지 못한다면 그 대화는 수단과 목적이 아무리 좋다 하더라도 자신에게 유리한 결과를 이끌어내지 못한다.

신은 인간에게 두 개의 귀와 하나의 혀를 주셨다. 인간은 말하는 것의 두 배만큼 들을 의무가 있다.

마음속은 초조하더라도
겉으로는 여유 있게

"오늘 지구가 멸망한다 할지라도 나는 한 그루의 사과나무를 심겠다."라는 스피노자의 명언은, 그 철학적 의미는 차치하더라도 굉장한 여유의 소산임에는 분명하다. 우리의 최종적인 미래는 아무도 모른다. 그래서 모두가 'YES'를 외치더라도 나만은 노를 말할 수 있는 자존심과, 모두가 노를 외치더라도 나만은 'YES'를 말할 수 있는 여유는 사람들에게 자신의 정체성을 확실하게 심어줄 수 있다.

성공하는 사람은 결코 서두르지 않는다. 그들은 돌다리를 두드려 보지 않는다. 다시 돌을 쌓아 단단하게 다리를 놓은 다음 건너간다. 아무리 다급한 상황에 봉착하여 누군가를 찾아갔을지라도 쉽게 목적을 드러내서는 안 된다. 상대와의 친분 관계는 감안할 사항이 아니다. 우선 가벼운 농담이나 간단한 화제로 분위기를 아우르는 과정을 게을리하지 말라. 어떤 사람이라도 무너지는 건물에 시멘트를 붓지 않을 것이다.

상대의 저항감을 불러일으킬 만한 자세를 조금이라도 드러내서는 곤란하다. 상황을 감지한 상대방의 얼굴이 찌푸려져 있더라도 미소를 지으며 부드럽게 대하라. 그러다 진전이 없다면 다음을 기약하더라도 결코 찜찜한 상태로 일어서서는 안 된다.

초조한 표정으로 상대방의 말을 자르지 말라. 상대는 이미 당신의 의도를 알고 있다.

"제게 사정이 있어 찾아왔습니다."

모처럼 반갑게 이야기를 하는 척하다 갑자기 이렇게 나서서는 다 된 밥에 재를 뿌리는 격이 된다. 거꾸로 상대가 몸이 달아 이렇듯 본론을 꺼내도록 유도해야만 하는 것이다.

"그런데 자네, 정말 하고 싶은 이야기가 뭔데? 그것부터 말해보게."

핵심은 여유임을 잊지 말라. 상대방이 자신의 의도대로 움직이지 않아도 그만이라고 생각하라. 큰돈을 벌었다든지, 스포츠나 여행 이야기를 한다면 차분하게 자신의 경험을 바탕으로 대응하라. 상대가 자신을 과시한다든지 비밀을 알려준다는 뉘앙스를 풍긴다면 이런 식으로 아낌없이 칭찬하며 흥미를 표시한다.

"아, 그런 일이 있었군요. 정말 흥미진진한데요. 그래서 어떻게 되었습니까?"

그렇듯 여유로운 자세를 견지한다면 상대는 자연스럽게 당신에 대한 믿음을 갖게 된다. 호의는 그런 믿음에서 배어나오는 자연스런 인간관계의 소산이다.

물론 당신은 내심 지나가는 시간, 버려지는 자신이 서글플지도 모른다. 하지만 이 모든 것은 정상에 오르기 위한 초석임을 명심하라. 지금 당신이 걷고 있는 길은 늪지대나 맹수가 출몰하는 정글이라고 생각하라. 그 숱한 고난의 밤을 겪고 나면 햇살 따가운 아침을 맞을 수 있는 것이다.

• POINT •

성공하는 사람은 돌다리를 두드려보지 않는다. 다시 돌을 쌓아 단단하게 다리를 놓은 다음 건너간다.

대화의 주제는
처음부터 끝까지 명확하게

　어떤 유명한 강사가 술이 인체에 미치는 영향에 대하여 강연을 하고 있었다. 한참 동안 열변을 토하던 그는 하나의 이벤트로 수많은 사람 앞에서 술이 건강에 얼마나 치명적인지를 증명해 보이기 위해 실험을 시작하였다.

　두 개의 비커에 각각 물과 술을 담아놓고 그 안에 지렁이를 넣는 실험이었다. 잠시 후 물속에 들어간 지렁이는 아무렇지도 않았지만 술 속에 들어간 지렁이는 몸부림을 치다가 그만 녹아버리고 말았다. 성공적인 실험에 그는 몹시 흡족해하면서 사람들에게 물었다.

　"이 실험을 보고 여러분은 무슨 생각을 했는지 들어보고 싶습니다."

　그러면서 그는 청중 가운데 한 학생을 지목하였다. 그러자 학생은 벌떡 일어서더니 이렇게 큰 소리로 말했다.

"술을 많이 먹으면 장속에 있는 기생충이 녹아버린다는 것을 알았습니다."

그러자 좌중에서는 폭소가 터져 나왔다.

사실 강사는 술을 많이 먹으면 위장이 상한다는 것을 증명하기 위해 실험을 준비한 것이었다. 물론 그것을 청중도 모를 리가 없다. 하지만 그는 실험의 의미를 처음부터 명확히 하지 않았기 때문에 상황은 코미디가 되어버린 것이었다.

아무리 좋은 말이라도 듣는 사람이 어떻게 받아들이느냐에 따라 전혀 엉뚱한 결과를 초래하기도 한다는 교훈을 주는 일화이다.

· POINT ·

주제를 명확히 하지 않으면 사람은 듣고 싶은 대로 들을 수 있다.

옆길로 샌 걸 알았을 때는
곧바로 말을 멈춰라

많은 사람 앞에서 말을 할 때 미리 준비한 말이 있어도 어느 순간에 핵심을 벗어나 옆길로 빠지는 일이 종종 생긴다. 화자는 한참 동안 열변을 토하다가 문득 엉뚱한 말을 하고 있음을 깨닫고 머리를 긁적거린다. 하지만 제자리로 돌아가자니 사람들은 이미 흥미를 잃고 하품을 할 뿐만 아니라 시간마저 모자란다. 이와 같은 난처한 경험을 해본 사람이라면 그 상황이 얼마나 곤혹스러운 것인지를 알 것이다.

일상적인 대화에서도 옆길로 새는 일은 자주 일어난다. 많은 정보를 가지고 있고, 분위기를 장악하는 데까지는 성공했지만 흥분이 지나쳐 핵심을 까먹고 허우적거리게 되는 것이다. 그런 미궁 속으로 빠져들면 탈출이 쉽지 않다. 특히 대화 상대가 그 화제에 열중해 있다면 더더욱 그리되기 쉽다.

그렇게 옆길로 새어 원래 말하려던 이야기가 아닌 엉뚱한 이야기로 시간을 낭비하게 된다. 이때 듣는 사람이 센스 있게 초점을 일깨워준다면 다행이지만, 그렇지 못하다면 과감하게 스스로 말을 잘라야 한다.

"죄송합니다. 여기까지는 양념이었습니다."

"제 말이 너무 장황했군요. 다시 정리한다면 제 말의 핵심은 바로 이것입니다."

그렇게 끊어주면 상대는 부담 없이 새로 귀를 기울일 수 있다. 그렇지 않고 될 대로 되라는 식으로 달려 나간다면 상대는 당신의 말에 두서가 없음을 알고 외면하게 될 것이다.

대화를 할 때는 말의 끈을 놓쳐서는 안 된다. 섣불리 흥을 돋우려 하거나, 제 신명에 겨워 말하는 사람들이 이러한 덫에 곧잘 걸려든다.

• POINT •

옆길로 새어 원래 말하려던 이야기가 아닌 엉뚱한 이야기를 하고 있다면 과감하게 스스로 말을 잘라야 한다.

처음엔
쉬운 말도
조심스럽게

긍정적인 화제를
선택하라

익히 안면이 있는 사람과는 정답게 대화를 나누다가도 낯선 사람이 자리하면 입을 꾹 다물고 돌부처가 되는 사람들이 있다. 이런 사람들은 자칫 실수하여 자신의 이미지를 손상시킬까봐 내심 걱정하고 있을지도 모른다. 그러나 침묵으로 자기 발전을 기할 수 있을지 몰라도 성공을 도모할 수 있는 방법은 없다.

미지의 사람들과 조우하여 적극적으로 자신을 홍보함은 물론 정보와 인맥을 형성하고, 인간관계의 폭을 넓히는 과정은 현대인에게 필수적인 요소이다. 이것이 낯선 사람들과의 만남을 적극적으로 자신에게 유익한 방향으로 유도해야 하는 까닭이다.

그렇다면 어떻게 그들에게 나의 전파를 쏘아 보내야 할까? 그것은 당신의 마음가짐에 달려 있다. 상대는 당신과 똑같은 사람이고, 한 시대의 동반자임을 직시하라. 그 역시 당신과의 낯선 분위기를 극복하고 싶은 열망이 있다고 생각하라. 상대방의 성격이나 지위에 신경 쓰지 말라. 만일 상대가 지나치게 거만하다거나 자신을 내세우려 한다면 그대로 놓아두어도 무방하다. 그는 어차피 당신의 다이어리에는 존재하지 않는 인물이었다고 여기면 그만이다.

만일 평등한 분위기가 조성된다면, 인간 대 인간으로서 자유롭게 자신을 표현하면 된다. 초면에서의 침묵은 금이 아니라 독이다. 그것은 일종의 무례이기 때문이다. 그러므로 간단한 잡담이라도 건넨다면 상대는 반드시 반응할 것이다. 그런 가운데 어떤 화제를 이끌어내고, 상대방이 발언하게 되면 주의 깊게 경청한 다음 짧게 자신의 의견을 말하면서 대화의 폭을 넓히는 것도 하나의 방법이다.

낯선 사람과의 첫 대화에서는 될 수 있으면 부정적인 견해는 피하는 것이 좋다. 그리고 상대를 미처 파악하기도 전에 논쟁의 불씨가 될 수 있는 정치, 종교에 대한 이야기를 해서는 안 된다. 쌍방의 견해가 다르면 서로에게 불쾌한 이미지를 심어줄 위험이 있기 때문이다.

상대에게 호감을 느꼈다면 헤어질 때 반드시 정중하게 "다음에 꼭 한번 뵙고 가르침을 받았으면 좋겠습니다.", "즐거웠습니다. 아까 귀하께서 말씀하신 부분을 좀더 깊이 들어보고 싶은데 괜찮으신지요." 등의 말로 여운을 남기도록 한다.

한 번의 조심스런 만남으로 상대에게 긍정적인 이미지를 남기게 되면 다음에는 매우 매끄러운 대화를 나눌 수 있게 된다. 첫술에 배가 부르려 하지 말라. 누구에게나 시작은 있다. 처음에는 서두르지 않고 한 발자국씩 다가서는 인내가 필요하다.

• POINT •

초면에서의 침묵은 금이 아니라 독이다.

상대의 리듬에 맞추되
대화를 리드하라

　일상에서 우리는 다양한 신분의 사람들과 만나게 된다. 그런데 첫 만남에서 가까워지지 않는다면 이후 매끄러운 관계를 이끌어가기가 몹시 힘들어진다. 처음 만났을 때 상대에게 깊은 인상을 심어줄 수 없다면 차선책으로 편한 상대라는 인상을 심어주어야 한다.

　어쨌든 당당하고 활기찬 자신을 보여주는 것이 기본이다. 대화란 아무래도 먼저 다가서는 사람이 주도권을 쥐기 마련이다. 처음 한마디를 어떻게 꺼내느냐가 관건이다. 그것은 단순한 말뿐이 아니라 미소와 호감이 담긴 몸짓이어야 한다.

　물론 상대가 조용한 성격인데 갑자기 돌발적인 행동으로 관심을 끌려 한다면 상황은 엇박자로 흘러갈 것이다. 마찬가지로 활달한 사람에게 지나치게 허리를 굽히고 달려들면 상대는 어쩌면 당신을 무시할는지도 모른다. 그러므로 상대의 리듬에 맞는 적절한 접근이 필요한 것이다.

무엇보다도 중요한 것은 상대에게 무엇을 요구하거나 이득을 취하려는 인상을 주면 안 된다는 점이다. 사람은 그런 상대에게 가장 경계심을 갖는다. 그러므로 설령 어떤 목적이 있더라도 상대에 대한 호감을 표출시키지 않으면 아무런 효과가 없게 된다.

"요즘 몹시 바쁘시지요.", "말씀을 많이 들었습니다." 등의 표현은 상대에게 겸양의 언사를 내놓게 하는 말이다. 또 "평소 선생님을 몹시 존경하고 있었습니다."란 표현은 상대의 자존심을 한껏 높여주는 말이다. "옷이 참 잘 어울리시는군요.", "참 젊어 보이시네요." 등의 찬사는 상대의 어깨를 으쓱하게 만든다.

우리 주변에는 낯선 상대의 접근에도 언제든 대답할 준비가 되어 있는 사람들이 있다. 가령 길가의 찻집에 들어가, 주인에게 "분위기가 참 좋군요. 이 고장 특산물이 무엇입니까?"라고 묻는다면, 그는 신이 나서 당신이 원하는 이상의 정보를 털어놓을 것이다.

상대방을 주인공의 입장이 되게 하는 대화의 방법은 문제를 쉽게 풀어주는 마법의 열쇠와도 같다. 서로 말이 통하면 친근해지게 마련이고, 만남이 잦아질수록 주제가 다양해진다. 이런 능동적인 접근이야말로 자신의 삶을 바람직한 방향으로 발전시킬 수 있는 계기가 된다.

처음 만났을 때 상대에게 깊은 인상을 심어줄 수 없다면 차라리 편한 상대
라는 인상을 심어주어라.

그 사람의 파악은
5분으로 족하다

　사람과 사람이 만나는 순간에는 서로의 보이지 않는 마음이 곤충의 촉수처럼 뻗어나가 상대를 탐색하게 된다. 그리하여 상대의 기분이 어떤지, 현재 상황이 좋은지 나쁜지 등을 감지하게 된다. 그런 종합적인 정보를 내부에서 처리한 다음 어떻게 표현해야 할지를 결정하게 되는 것이다.

　만일 상대의 표정이 썩 밝지 않다면 쉽사리 도움을 청하기가 곤란하다. 반대로 무척 기분이 좋은 상태라면 어떤 무리한 요구도 가볍게 내뱉을 수 있는 것이 사람이다. 이것은 일면 감각의 문제이기도 하다. 이런 탐색의 과정을 거치지 않고 억지로 자기 생각만을 관철시키려 해서는 결코 좋은 결과를 얻을 수 없게 된다.

특히 상대가 업무상 반드시 설득해야 할 사람이거나, 고객이라면 이런 정보의 운용은 매우 중요하다. 쉽게 말하면 승산이 있는 싸움을 하라는 것이다. 만일 상대에게서 아무런 느낌도 감지할 수 없다면 분위기를 만들어라. 몇 마디 잽을 던져보면 상대의 취향이나 성격은 금방 눈치챌 수 있다.

옷차림이나 헤어스타일, 마시는 차의 종류 혹은 말투 등이 상대방에게 주는 이미지가 있다. 그런 다양한 유형을 분석해주는 프로그램은 도처에 널려 있고, 대개 이론과 실제가 들어맞는 경우가 많다. 그러므로 세상에는 수많은 점술가들이 족집게 행세를 하고 있는 것이 아니겠는가. 그들은 상대를 파악하는 데 채 5분도 걸리지 않는다. 그리고 상대를 즉석에서 제압한다.

"고생 복이 터졌군, 터졌어."

"남자가 속을 무던히도 썩이는구먼."

이와 같은 부정적인 어투로 기를 죽이고, 분위기를 장악하는 것이다. 왜냐하면 그들을 찾는 사람들은 대개 어려움에 처해 있거나 고민에 빠져 있는 사람들인 까닭이다.

하지만 상대와 좋은 관계를 맺으려는 목적이 있다면 부정적인 언사가 아니라 긍정적이고 진취적인 말로써 상대의 벽을 허물어뜨려야 한다. 어떤 경우에도 논쟁하거나 자신이 우위에 서려고 해서는 안 된다. 다만 겸손한 자세로 상대를 칭찬하고 포용하려는 자세를 견지해야 한다.

"요즘 경기가 좋지 않은 것 같아요.", "독감이 유행인데 댁의 자녀들은 괜찮은가요?" 등의 가벼운 말은 어색함을 녹이는 좋은 언사들이다. 그런 다음 상대의 반응을 보아 적절한 화제를 선택하는 지혜가 필요하다.

만일 상대가 지독하게 배타적이어서 도무지 상대를 해주지 않을 때, 도전 정신에 충만해서 억지로 설득하려 해서는 안 된다. 그래서는 더욱 심한 반발만 살 뿐이다. 그렇다고 해서 상기된 표정으로 자리를 빠져나와서는 안 된다. 반드시 미소 지으며 자신은 이렇듯 상대의 입장이나 의견을 존중하고 있다는 의사 표시를 한 다음 물러나야 한다.

"아, 귀찮게 해드린 것 같군요. 다음에 기회가 있으면 좋은 말씀 꼭 부탁드립니다."

이와 같이 사후 만남의 복선을 깔아놓는다면 언젠가 그 사람과 다시 만났을 때는 이전과는 조금이라도 나은 다른 상황을 맞이하게 되는 것이다.

· POINT ·

상대와 좋은 관계를 맺으려는 목적이 있다면 긍정적이고 진취적인 말로써 상대의 벽을 허물어뜨려야 한다.

감사의 표현은
망설이지 마라

말의 힘은 때때로 기적을 일으킨다. 새벽같이 일어나 빨갛게 언 귀를 녹이며 거리를 달리는 신문배달 소년에게 어느 날 다가온 격려의 한마디가 희망의 내일을 꿈꾸게 하고, 직장을 잃어 실의에 빠진 사람에게 사랑을 다짐하는 연인의 한마디가 수렁에서 빠져나오게 하는 계기가 되는 것이다.

반대의 경우도 있다. 가정에서 모처럼 성적을 올린 자녀에게 던진 부모의 한탄 한마디가 아이의 인생을 절망케 하고, 직장에서 상사가 무심코 던진 질책이 부하 직원의 업무 의욕을 꺾는다.

말 한마디를 뱉을 때에도 상대의 에너지를 상승시키고 신명나는 말, 칭찬하는 격려하는 말, 감사하는 말을 해야 한다. 그 따뜻한 마음이 서로를 배려하고 발전토록 하는 원동력이 되는 것이다. "고맙습니다.", "덕분입니다.", "감사합니다."란 인사말은 작은 친절에도 커다란 의미를 부여하고, 사람과 사람을 이어주는 실로 고마운 말이 아닐 수 없다.

인간은 사회적인 존재이다. 서로 협력하고 의존하면서 삶을 가꾸어가고 있는 것이다. 위대한 역사는 천재보다는 위대한 보통 사람들의 협력에 의해 이루어지지 않았는가.

또 우리는 현재 주변의 다양한 사람들에게 음양으로 의존하고 있다. 어렸을 때는 가족에게, 장성해서는 동료, 고객 등 사회의 각종 구성원들과 관계를 맺으며 살아가고 있다. 우리는 실로 그들의 존재에 감사해야 한다. 그런 마음을 품고 있다면 예의범절은 몸이 아니라 마음에서 흘러나오게 된다.

우리 주변에는 의외로 인사나 답례에 인색한 사람이 많다. 그들 중 대부분의 물론 상대의 호의를 접하고도 '나의 마음은 굳이 말하지 않아도 상대가 잘 알고 있겠지.' 하면서 지나치는 경우가 많다. 이런 현상은 친구, 동료, 가족 등 가까운 관계에서 종종 발생한다.

그러나 명심할 것은 가까운 관계일수록 감사의 인사를 아끼지 말아야 한다는 것이다. 마음으로 전하는 감사는 절대로 표현이 아니다. 사람과 사람 사이의 관계는 대부분 언어생활로 이루어진다. 그 언어에 인색해서는 자기 발전을 기대할 수 없다.

"감사합니다."란 인사말은 작은 친절에도 커다란 의미를 부여하고, 사람과 사람을 이어주는 실로 고마운 말이다.

쉬운 말도
조심스럽게

우리는 여러 가지 수단이나 도구, 매체를 통해서 자신을 표현할 수 있다. 하지만 현실적으로 가장 비용이 저렴하고 보편적이면서 큰 성과를 얻을 수 있는 것이 바로 대화이다. 대화를 통해서 우리는 상대에게 납득, 공감, 동조, 신뢰 등과 같은 직접적이고도 부가가치가 높은 반응을 얻을 수 있게 된다.

그런데 이런 저비용 고기능의 도구인 대화에서 반드시 경계해야 할 점이 있다. 그것은 바로 하나의 성격, 즉 하나의 표현을 가진 '나'는 단 한 사람뿐이지만 그것을 받아들이고 대응하는 당사자는 실로 각양각색이라는 사실이다.

보통 대화의 상대는 직장상사, 스승, 동료, 거래처, 친구, 여자, 선배, 후배 등등 매우 세분화되어 있다. 때문에 아무리 자신이 익숙한 장소에서 익숙한 말과 어조로 표현한다 하더라도 상대의 반응이 그에 걸맞게 일정하리라고 예상하기는 힘든 노릇이다.

아무리 쉬운 말이라도 절제하고 정련하여 표현하는 습관을 들여야 한다. 그렇지 못하면 자칫 수레바퀴처럼 맞물려 굴러가는 사회라는 조직에서 소외될 가능성이 농후해진다. 그런 말이라면 차라리 하지 않는 것이 나을 것이다.

"너는 항상 그렇게 서두르다 실패하는구나."
"성격을 좀 고치는 게 어때."

형편이 어려워 상의하러 온 친구에게 이런 무거운 말을 너무나 가볍게 내뱉는 사람들이 있다. 이것은 아무리 핵심을 찔렀다 해도 충고의 차원을 넘어선 월권행위나 마찬가지다.

이런 식으로 말로써 상대의 자존심을 상하게 하면, 그동안 쌓았던 교분은 물거품이 되고 말 것이다. 상대는 아마 속으로 이렇게 이를 갈 것이다.

'이 녀석이 내가 어려운 처지에 빠졌다고 나를 가르치려 드는군.'

이렇게 받아들이게 되면 차라리 그 말은 하지 않느니만 못하게 되어버렸다. 그러므로 만일 어떤 충고를 하고 싶다면, 아무리 쉬운 말이라도 우회하는 지혜가 필요하다.

"내가 아는 모 회사의 김 부장이 있었는데, 납품기일을 맞추기 위해 직원들을 엄청나게 다그쳤지. 그래서 목적을 이루기는 했는데 말이야. 결국 문제가 생겼어. 제품 불량률이 50퍼센트를 넘어버린 거야."

"거참, 하여튼 급하면 체한다니까."

"맞아. 그런데 자네는 요즘 어떻게 지내나?"

"그 사람이나 나나 피장파장이라네. 이번에 좀 서두르다가 손해를 보았지. 어떻게 만회할 길이 없을까 해서 자네를 찾아온 거야. 어휴. 다 내가 서둘러서 그래. 성격 개조를 좀 해야지 안 되겠어."

대화를 이런 방식으로 유도한다면 화자는 본래의 목적을 달성하고, 거기에 우정이라는 벽돌까지 하나 더 올려놓는 성과를 거두게 된다. 말은 쓰기에 따라서 불사약이 될 수도 있고 치명적인 극독이 될 수도 있다. 그만큼 조심스럽게 입 밖으로 내보내야만 하는 것이다.

• POINT •

아무리 쉬운 말이라도 절제하고 정련하여 표현하는 습관을 들여야 한다.

첫 만남에 확 친해질 수 있는
세 가지 대화술

사람에게는 누구나 남에게 말하고 싶은 자랑거리가 있게 마련이다. 성공의 경험, 횡재한 경험, 자녀의 일류대학 합격 소식, 멋진 애인과의 데이트 등이 있다면 누군가에게 이야기하고 싶어진다.

대화 상대에게 그런 이야기를 듣는다면 어떠할 것 같은가? 그보다 더 나은 자랑거리를 기억해내려고 한다든지 해서 의연한 척할지도 모른다. 내내 뇌리에서 그 이야기가 떠나지 않을 수도 있다.

그런데 상대가 자랑거리를 이야기했을 때 상대의 말에 찬물을 끼얹으려 자신의 자랑을 말해서는 안 된다. 때때로 상대의 자랑을 듣다 보면 목구멍에서 뭔가 치밀어 오를 때도 있다. 그럴수록 참아야한다. 버럭하며 더 대단한 자랑거리를 내세운다면 한순간 당신은 당당하게 상대를 제압할 수 있겠지만, 그로 인하여 삶을 조율해 가는 인간관계에 흠집이 나게 되는 것이다.

만남의 시초에는 상대의 호감을 사야 하는 것이 일차 목표가 된다. 늪 속에 빠져드는 기분이 들면, 거꾸로 그를 부추겨보라. 어쩌면 그는 스스로의 떠벌림이 무안해서 말을 그칠지도 모른다. 그런 인내 끝에 상대와 친분이 쌓이면 그때는 마음껏 유서 깊은 추억을 읊조려도 좋다. 당신은 생소한 사람이 아니고, 자신도 이미 쏟아낸 화제이기 때문에 상대도 즐겁게 들어줄 것이다.

물론 처음 보는 상대에게 변설을 늘어놓을 사람은 드물다. 대개는 은밀한 경계심과 호기심으로 탐색을 하게 마련인 것이다. 어느 한쪽이 일방적으로 쏟아낼 수 있는 화제가 아니라, 보편적이면서 약간은 특별한 화제를 골라 대화를 유도하는 것이 현명한 화자의 자세이다. 다음과 같은 몇 가지 원칙을 지킨다면 첫 만남의 대화는 보다 더 진지하고 뜻깊은 자리가 될 것이다.

첫째, 누구나 대개 겪는 일이지만, 그 가운데 특별한 일화가 있는 화제를 꺼낸다. 예를 들면 남자들의 군대 이야기나 여자들의 시집살이 이야기 등이다. 이런 이야기는 모두가 공감하고, 상대의 경험에 자신의 경험을 대입시킬 수 있으므로 무난할 것이다. 하지만 이런 화제는 자칫 쓸모없는 시간 죽이기가 되기 쉬우므로 끝을 잘 맺는 재치가 필요하다.

둘째, 사회적으로 편이 갈려 있는 민감한 주제, 즉 정치나 교육 문제 등을 거론한다. 그럼으로써 상대의 성향과 사회에 대한 인식도를 알아낼 수 있다. 하지만 자칫하면 논쟁으로 비화할 수 있으므로 주의해야 한다.

셋째, 누구나 긍정하고 궁금증을 유발할 수 있는 주제를 거론한다. 이를테면 쇼핑 이야기, 여행지에서 겪은 일, 인터넷 초보 시절 이야기, 운전면허시험 등의 화제를 꺼낸다. 이런 화제라면 누구라도 쓰라리고 영광스런 성공의 추억이 있을 것이므로 부담스럽지 않다. 그런 가운데 은근히 자신의 주장을 담는다면 상대를 자연스럽게 끌어들일 수 있다.

• POINT •

첫 만남에서는 보편적이면서 약간은 특별한 화제를 골라 대화를 유도하는 것이 좋다.

그 사람은 참
인사성이 밝아서 좋아

　인사성 하나로 미래가 바뀐 한 남자의 일화가 있다. 언젠가 제너
럴모터스의 인사부장이 해준 말이다. 그는 언젠가 한 직원의 승진을
긍정적으로 검토하면서 가까운 다른 부서장에게 그에 대한 세평을
자문하였다. 그런데 그 부서장은 고개를 갸웃거리며 이렇게 말했다
고 한다.

　"그 사람, 답답한 친구 아닌가. 일은 어떻게 하는지 모르겠지만 예
의는 없더군. 윗사람들을 보고도 늘 본체만체한단 말이야. 꼭 그 사
람을 승진시켜야겠나?"

　이 한마디로 인해 인사부에서는 그 직원의 근무 태도에 대하여
정밀하게 조사한 다음 승진을 보류하게 되었다. 그리고 얼마 지나지

않아 그 직원은 한직으로 알려진 애리조나 주의 지사로 발령 나고 말았다. 만일 그 직원이 평소 사내에서 윗사람에게 예의가 발랐다면 그 부서장은 아마 이렇게 말하지 않았을까.

"아, 그 친구. 명랑하고 인간관계도 좋지. 인사성도 참 밝더군. 아마 회사에 큰 공을 세울 사람이라고 생각하네. 승진은 당연하지."

아무튼 그 직원은 보이지 않는 손에 의해 수렁에 떨어진 꼴이 되고 말았지만, 알고 보면 자업자득이 아닐 수 없는 것이다. 평소의 인사조차도 인생에 커다란 영향을 미칠 수 있음을 간과한 결과이기 때문이다.

실로 인사는 개인 간의 예의범절 이상의 영향력을 가지고 있다. 그것은 인사가 상대의 존재 가치를 인정하고 호의와 존경을 표시하는 행동이기 때문이다. 그러므로 자발적인 인사는 아무리 퉁명스러운 상대일지라도 호감을 주게 된다.

인사에는 어떤 상하 관계의 순서나, 기술이 필요한 것이 아니다. 다만 자신이 윗사람이라면 자상한 마음을 담을 것이고, 아랫사람이라면 존경심을 담는 것이 좋을 것이다. 그것이 보이지 않는 서로의 담을 허무는 촉매가 되기 때문이다.

간혹 인사를 한답시고 고개를 꾸벅이면서 정작 입은 꾹 다물고 있는 사람들이 있다. 이런 행동은 상대방에게 불쾌감을 주기 쉽다. 웃으면서 칼을 품는 듯한 인상을 주기 때문이다. 기왕이면 능동적으로 다가서는 인사가 좋다.

"지난번에 고마웠습니다.", "옷이 멋진데요." 등의 관심이 담겨진 인사는 상대에게 강한 인상을 심어준다. 또 "지난번에 뵈었지요. 반갑습니다.", "아, 정말로 만나고 싶었습니다." 등의 인사는 상대로 하여금 자긍심을 갖게 해준다.

답례도 마찬가지다. 그저 미소만 짓거나 고개만 끄덕이기보다는 "아, 반갑습니다." 등의 반응을 하는 것이 좋다. 그래야만 이후 서로 간의 대화가 물 흐르듯 자연스럽게 이루어질 것이다.

상대에게 자신의 이미지를 확실히 심어주고자 한다면 시간차 인사를 활용하는 것도 하나의 방법이다. "안녕하십니까, 홍길동입니다."보다는 "안녕하십니까?"를 먼저하고 상대편에서 "네. 반갑습니다."등의 반응이 나오면, 그다음에 "저는 홍길동이라고 합니다."라고 자기소개를 하는 것이다. 이렇듯 인사에 리듬감을 주면 상대방은 당신의 이름을 깊이 인식하게 된다.

· POINT ·

인사는 상대의 존재 가치를 인정하고 호의와 존경을 표시하는 것이다.

상대의 진심을 바라기 전에
우선 진심을 담아 대하라

　"남에게 대접받고자 하면 자신이 먼저 대접하라."라는 성서의 말씀처럼 누군가와 말을 할 때는 상대보다 낮은 마음자세를 견지하는 것이 중요하다. 당신이 큰 회사에 근무하든, 작은 가게를 운영하든 간에 그 안에서 오가는 가벼운 대화 한 자락이라도 허투로 흘려보내서는 곤란하다.

　당신은 소중한 개인인 동시에 그 조직의 일원이다. 그러므로 당신의 행동과 말이 고객들에게는 중요한 판단의 지표가 된다는 점을 명심해야 한다. 조직 중심의 과거와는 최근에는 개인의 취향과 관심에 따라 성공의 여부가 결정된다. 무슨 일에 종사하든 개인의 기분을 맞추지 못한다면 목표하는 바를 이루지 못하는 시대가 되었다.

이제는 이익을 주는 측과 받는 측의 구분이 명확해졌다. 그러므로 작은 서비스 하나에도 최선을 기울여야 한다. 이와 같은 마음가짐은 인간관계에서도 똑같이 적용된다. 여기에 작위적인 면이 드러나면 엄청난 마이너스 효과를 초래한다.

외면적인 분위기에서부터 따뜻한 향기가 풍기도록 스스로의 내면을 다듬는 것이 중요하다. 이것은 어쩌면 선물과 뇌물의 차이와도 같다. 선물이란 오고감의 양의 차이가 있더라도 서로의 따스한 교감으로 모든 것이 상쇄된다.

하지만 뇌물은 그 자체가 마음의 부담으로 작용하게 된다는 점을 직시하라. 당신의 정성이 건네지면 상대방도 당신에게 정성스럽게 된다. 인간관계가 이렇게 발전하게 되면 원하든 원치 않든 부수적인 결실이 있게 마련이다.

대화에 있어서 "이 사람의 말은 진실이다."라는 느낌을 줄 수 있는 사람이 되어라. 행운은 번개처럼 떨어지는 것이 결코 아니다. 마르지 않는 강물이 바다에 도달하는 것이다.

• POINT •
인간관계에 작위적인 면이 드러나면 엄청난 마이너스 효과를 초래한다.

듣기 좋은
말만
하지 마라

명령이나 강요 없이
스스로 하게 하는 것

　설득의 고전적인 뜻은 의사소통을 통해 다른 사람의 태도나 행동 양식을 변화시키는 기술이다. 즉 듣는 이로 하여금 자신이 의도한 바를 긍정하고 수용하게 하는 것이다. 누군가의 태도나 신념을 바꾸고자 할 때, 자기편으로 끌어들이고자 할 때, 어떤 영향이나 감화를 주고자 할 때, 제품이나 아이디어를 팔고자 할 때 등 일상에서 설득이 필요한 순간은 생각보다 쉽게 만날 수 있다.

　설득은 명령이나 강요와는 달리 자발적인 동기를 유발시키므로 실제 행동에서의 효과는 실로 놀랄 만하다. 미국의 한 대학 총장은 수많은 신입생이 모여 있는 입학식장에서 다음과 같은 말로 그들을 설득했다.

"여러분은 수백 달러의 입학금을 지불하고 우리 학교에 입학했습니다. 이제 그 거금을 한 푼도 돌려받지 못하느냐, 수백 배로 되찾아 가느냐는 여러분에게 달려 있습니다."

이 말은 곧 학생들이 학업에 몰두하지 않는다면 부모님이 애써 장만해준 엄청난 입학금을 허공중에 날리는 꼴이 될 것이다. 하지만 열심히 공부하여 지식을 쌓는다면 그 몇 백 배의 이득을 얻을 수 있음을 강조한 것이다.

'학생의 본분은 공부이니 열심히 해라'라는 직접적인 말보다 훨씬 설득력이 있지 않은가. 훗날 그 대학의 졸업생들은 주변의 어떤 학교 출신들보다 훨씬 높은 취업률을 기록했다고 한다.

• POINT •

설득이란 의사소통을 통해 다른 사람의 태도나 행동 양식을 변화시키는 기술이다.

손해도 명확히 밝혔을 때
상대의 마음이 움직인다

이익과 손해를 명확히 밝혀 상대의 의욕을 불러일으키는 것은 매우 명료한 설득의 한 방법이다. 이와 같은 설득 화법을 몇 가지로 정리하면 다음과 같다.

설득 화법 1_상대에게 이익을 상기시켜라

상대가 자신의 설득을 받아들이면 구체적으로 어떤 이득을 얻을 수 있는지를 강조한다. 가령 가정에서 절전용 형광등을 달면 1년 동안 얼마만큼의 돈이 절약된다든지, 회사에서 이번 기획이 성공하면 월급을 인상하겠다든지 등의 구체적인 제안은 듣는 이의 구매 의욕이나 성취 의욕을 크게 자극한다. 보험회사 등에서 종종 내거는 보상금도 이와 같은 종류에 속한다.

설득 화법 2_상대의 자존심을 세워라

가령 고급 제품을 판촉한다고 해보자. 이때 고객에게 그 제품의 사용자들이 대부분 상류층 인사임을 강조한다. 그럼으로써 고객에게 당신도 그와 같은 자격이 있음을 상기시켜주는 것이다.

또 회사의 인사이동에 불만을 품은 직원이 있다고 해보자. 그 직원에게 그 자리는 중요한 기획실로 가는 통로임을 암시해준다. 그러면 그 직원은 아무리 자리가 후미지고 별 볼 일 없는 자리라 할지라도 내심 미소를 지으며 받아들일 것이다. 이와 같은 방법은 금전적인 이득보다 더욱 설득력을 지닌다.

설득 화법 3_나쁜 상태를 구체적으로 연상시켜라

"네가 이를 닦지 않으면 곧 좋아하는 사과를 베어 먹기는커녕 씹지도 못하게 될 것이다.", "앞으로 술을 일주일만 더 마시면 당신의 위가 헐어서 땅바닥을 기며 아파할지도 모른다.", "골초이던 그 사람이 폐암 진단을 받았다." 등으로 공포를 안겨주는 방법이다. 이는 일종의 협박과도 같지만, 일면 망설이는 상대의 대응을 보다 신속하게 자극하는 방법이다.

설득 화법 4_갈증을 느끼게 하라

"남들은 다 하는데 당신만 하지 않고 있군요."와 같은 방식의 설득 방법이다. 인간은 소외를 본능적으로 두려워한다. 그 소외나 갈증을 상기시킨다.

대기업과 통신사들이 고객들에게 보조금을 지급하면서 최신 스마트폰을 파는 것은 전화요금 외에도 광고나 게임, 인터넷을 통해 막대한 수익을 얻기 때문이다. 하지만 그들은 언제나 과중한 서비스 때문에 손해를 보는 척한다. 또 사람들은 그들의 행태를 뻔히 알면서도 유행에 뒤지지 않으려고, 혹은 체면을 지키기 위해 기꺼이 지갑을 연다.

설득의 가장 기본은 경청이다. 경청의 힘은 너무도 강력해서 듣는 것 자체만으로 설득이 될 수 있다. 지금 세느강 변에 고달픈 삶을 정리하려는 한 여인이 서 있다. 당신은 어떻게 하면 그녀를 살릴 수 있겠는가?

정답은 '그녀의 말을 들어주는 것'이다. 진정 죽고 싶은 사람이 어디에 있겠는가. 인생의 여정 속에서 이 강변에 서기까지의 고통스런 과정에 귀를 기울여보라. 모든 것을 토로한 그녀는 결코 차가운 강물 속으로 들어가지 않을 것이다.

고여 있는 물에서는 고기가 살 수 없다. 그녀의 삶은 고인 채 오래도록 썩어 있었다. 그리고 그곳을 탈출하기 위해 강변에 선 것이다. 그녀에게 다가가 호수의 물꼬를 터 주어라. 소외의 질곡에서 벗어나 맑은 생명의 물줄기가 콸콸 흐르는 커뮤니케이션의 세계로 안내하라.

• POINT •

이익과 손해를 명확히 밝혀 상대의 의욕을 불러일으키는 것은 매우 명료한 설득의 한 방법이다.

맛있는 미끼를
걸어라

우리의 하루하루는 교섭과 협상으로 점철되어 있다. 고객이나 바이어를 응대하는 일도 교섭이며, 아내와 놀러갈 계획을 세울 때도 협상이 필요하다. 인생이란 승패를 가르는 승부보다는 서로가 일정 부분 양보하고 최선의 이득을 취하는 게임이다. 그런데 이와 같은 협상의 과정에서 자신의 의견에 설득력이 있느냐 없느냐는 매우 중요한 의미를 지닌다. 그것은 협상의 주도권을 쥐느냐 잃느냐의 관건이 되기 때문이다.

서로가 마주 앉아 드러나지 않는 이해득실의 판단 속에 상대의 카드와 치열한 경합을 벌이고 있을 때, 상황의 우위를 점하기 위해서는 내가 제시하는 카드로서 상대방의 마음을 움직일 수 있어야 한다. 어떻게 하면 상대의 마음을 움직일 수 있을까? 나의 말에 고개를 끄덕이고 계약서에 사인을 하도록 할까? 핵심은 다름 아닌 욕망이다. 인간은 욕망으로 움직인다. 이 계약이 상대방에게는 분명 이득을 주겠지만, 그로 인하여 자신 또한 커다란 이득을 얻을 수 있다는 확신을 갖게 될 때 하나의 계약은 성립되는 것이다. 욕망은 현실이 아니라 미래이다. 하지만 가능성 있는 미래이기에 사람들은 아낌없이 자신의 패를 던지는 것이다.

사람들은 돈을 따고 싶다는 욕망이 있기에 카지노가 있는 사막 속의 도시 라스베이거스에 즐겁게 달려가지만, 주차 위반 과태료를 내기 위해 경찰서로 가는 길은 아무리 가까워도 화나기 마련이다.

욕망이라는 미끼는 크면 클수록 사람들을 적극적으로 움직일 수 있다. 이 점을 직시한다면 당신은 대화에서 상대를 설득하기 위해서 어떤 방법을 취해야 하는지를 금세 알게 된다. 곧 상대가 원하는 것을 제시해주면 되는 것이다. 그것은 낚시의 원리와도 같다. 우리는 햄버거나 치즈를 좋아한다고 해서 그것을 물고기 미끼로 쓰지는 않는다. 자신이 싫어하더라도 지렁이나 떡밥을 낚시에 끼우는 것이다.

> **· POINT ·**
>
> 욕망이라는 미끼는 크면 클수록 사람들을 적극적으로 움직일 수 있다.

설득에도
단계가 있다

청중에게 어떤 행동을 하도록 동기를 부여하는 방법으로는 인간의 사고 과정을 바탕으로 한 몬로의 동기화 5단계를 사용하는 것이 매우 유용하다. 이것은 사람들로 하여금 단계적으로 말하는 사람의 의견에 동조하고 감응케 하는 방법이다. '금연'의 동기 부여를 하나의 예로 들어 설명해보겠다.

1단계_청중의 주의를 끈다

처음부터 화제에 관련된 일화나 중요성을 강조함으로써 호기심과 긴장감을 유발한다. 여기에는 시각적인 보조물도 활용이 가능하다. 담배가 폐암을 유발한다든지, 성기능 장애를 가져온다는 식의 이야기는 흥미성이 떨어진다. 하지만 어떤 친구가 10년 동안 아이가 없다가 담배를 끊고 나서 1년 만에 아이를 가졌다는 식의 이야기는 청중의 관심을 유도할 수 있다.

2단계_청중이 스스로 변화의 필요성을 느끼도록 한다

청중에게 현재 상황에 어떤 문제가 있음을 주지시키고, 상태를 개선시킬 수 있음을 강조한다. 사람들이 담배를 피움으로써 간접흡연에 의해 아이들이 암에 걸릴 확률이 매우 높아지고 있다. 또 자신의 건강은 언제나 황색불이 켜져 있다. 하지만 당장 담배를 끊는다면 그런 위험에서 벗어날 확률은 50퍼센트를 상회한다고 강조한다.

3단계_청중에게 문제 해결 방안을 제시한다

필요성을 인식한 청중에게 문제 해결 방안을 마련하여 청중을 안심시켜주어야 한다. 현재 담배에 중독된 인체는 니코틴을 요구하고 있다. 일순간에 그것에서 벗어나려면 여러 가지 금단 현상에 시달릴지도 모른다. 그러므로 여러 사람들이 경험한 금연 사례를 예로 들어 방법을 선택할 수 있도록 해준다.

4단계_청중에게 구체적인 이득을 알려준다

문제가 해결되면 청중에게 구체적으로 어떤 이득이 있는지를 알려준다. 그리하여 반드시 실천할 수 있다는 의욕을 심어준다. 금연에 돌입하면 금전적인 이득뿐만이 아니라 인체의 장기가 제기능을 하게 되어 건강해지고, 가족들은 물론 사회 구성원들과의 관계가 원활해진다는 점을 알려준다.

5단계_당장 무엇을 해야 하는지 명확히 알려준다

청중의 반응이 느껴진다면 그들에게 무엇을 어떻게 해야 하는지를 정확하게 주입시켜야 한다. 그리고 열렬하고 고무적인 목소리로 그들의 실천을 성원하면서 말을 마친다.

금연은 누구나 할 수 있는 것이 아니지만, 성공한 사람은 누구나 진정한 만족감을 얻었다. 그것은 행복을 가져다주며 인내의 가치를 알게 해준다. 여러분은 반드시 그것을 해낼 수 있으며, 주변에도 그것을 전파하는 전도사의 역할을 하리라 믿는다고 말을 맺는다면, 청중은 어떤 사명감 같은 것을 느끼며 박수를 칠 것이다.

· POINT ·

인간의 사고 과정을 바탕으로 한 '몬로의 동기화 5단계'를 이용하라.

대의명분을
활용한다

그 옛날 시저가 갈리아의 총독으로 있을 때 로마에서는 경쟁자인 폼페이우스가 원로원과 결탁하여 그를 제거하기로 결정한 다음, 로마로 귀환하라는 명령을 하달했다. 당시 그들의 음모를 감지한 시저는 고뇌했다. 아무런 준비 없이 로마에 들어갔다가는 모함을 받아 죽음을 당할 것이 뻔했다. 그렇다고 군대를 이끌고 간다면 그것은 곧 반역이 된다.

한참을 생각한 끝에 그는 마음을 굳혔다. 아무래도 명예를 지키지 못할 바에야 그들과 맞서 싸우기로 한 것이다. 그는 즉시 로마에 가까운 라벤나로 간 다음 첩자들의 눈을 피하기 위해 건축 중인 무술 연습장 등을 시찰하고 성대한 연회를 벌였다.

이런 그의 동향을 보고받은 폼페이우스는 안심하고 그의 제거 준비에 골몰했다. 하지만 시저는 이런 허점을 노리고 있었다. 밤이 깊어지자 그는 미리 숨겨놓은 군대를 이끌고 로마로 진격해 들어갔다.

드디어 로마의 경계선인 루비콘 강변에 이르렀다. 이 강을 건너면 그는 반역자가 되는 것이었다. 잠시 말을 멈추고 군사들을 응시하던 그의 손이 허공에 들렸다. 그와 함께 진군나팔 소리가 크게 울려 퍼졌다. 이때 시저는 군사들을 향하여 이렇게 소리쳤다.

"자, 신의 뜻대로 나아가자. 주사위는 이미 던져졌다."

드디어 시저의 군대가 루비콘 강을 건넜다. 그 소식을 들은 로마는 커다란 혼란에 빠져들었다. 당시 시저의 명성은 어떤 군대의 힘보다 높았던 것이다. 갑작스런 사태에 놀란 폼페이우스와 그의 일당들은 겁을 집어먹고 도망치기에 바빴다. 이렇게 해서 아무런 장애물 없이 로마에 입성한 시저는 정적들을 물리치고 일인자로서 군림했다.

시저가 루비콘 강을 건너던 결단의 순간, 군사들에게 조국을 향해 창끝을 겨누라는 명령은 실로 내리기 어려운 것이었다. 하지만 그는 대의명분을 이용하여 그들을 리드했다.

"나를 따라 여기까지 온 것만으로 이미 돌이킬 수 없는 선택이다.

이제는 승리만이 모든 명예를 되돌려줄 것이다."

"주사위는 이미 던져졌다."라는 말은 그런 설득 이상의 의미를
담고 있었다. 이렇듯 시저가 사용한 대의명분을 앞세운 설득 방법
은 오늘날에도 협상이나 교섭에서 매우 빈번히 사용되고 있다. 이
방법으로 설득시키기 힘든 상대를 의외로 쉽게 우군으로 만들 수
가 있다.

가령 정계에서 누군가를 끌어들일 때 '우리가 권력을 잡을 수 있
다'라는 말은 듣는 이로 하여금 반감을 갖게 하지만 '우리만이 잘못
된 정권을 바로세울 수 있다'라고 한다면 은근히 상대의 어깨에 힘
을 모아주게 되어 있다. 또 '탈세는 커다란 범죄이다'라고 하는 것보
다는, '세금을 국민에게 되돌려주자'라는 슬로건이 더욱 설득력 있
게 들리는 것이다.

· POINT ·
"자, 신의 뜻대로 나아가자. 주사위는 이미 던져졌다."

듣기 좋은 말만 하는 사람
솔직한 말만 하는 사람

개인이 개인을 설득할 때 두 사람 사이에 어떤 선입관이 있다면 말의 힘이 약해질 것은 당연한 일이다. 중요한 논의를 할 때 불평이나 문젯거리를 내재한 채로 성급하게 달려들어서는 아무런 결과를 얻을 수 없는 것이다.

상대에게 미심쩍은 면이 있다면 솔직하게 그 느낌을 털어놓고 다가서는 것이 현명한 방법이다. 그때는 두 사람만의 조용한 자리를 마련하여 불만을 말하는 것이 좋다. 공개적으로 그 자리에서 다짜고짜 본론을 말한다면 역효과를 불러오기 쉽다. 이때 자신이 먼저 상대에게 감동했던 부분에 대해 칭찬을 하면 분위기를 고조시킬 수 있다. 상대를 탓하기보다는 솔직하게 자신의 느낌을 전달한다. 그리고 그런 판단이 공정한가를 상대에게 분석할 수 있는 기회를 준다. 이것이 당신의 말에 신뢰감을 준다.

마음에 꺼려지는 점이 있더라도 상대가 행한 어떤 일이 불만인가를 정확히 지적해서 말하는 것이 좋다. 대충 이런저런 일이라고 포괄적으로 말한다면 상대는 불만의 이유를 단순히 감정적인 것이라고 오해할 우려가 있다. 또한 상대의 행동을 타인의 결점과 덧붙여 말해서는 안 된다. 그의 행동에는 반드시 그렇게 해야만 했던 어떤 필연적인 이유가 있을 것이다. 그것을 타인의 결점과 비교하여 말한다면 당신은 이미 잘못된 심판의 길을 걷고 있는 것이다.

누군가에게 불만이나 충고를 할 때에는 한 가지 불만, 현재의 문제만을 제기하자. 그리고 해결 가능한 답안을 몇 가지 제시해야 한다. 대안이 없는 문제 제기는 공염불에 불과하다. 또한 그런 자신의 판단에 허점이 있을 수 있음을 간과해서는 안 된다. 그러므로 상대방의 뜻을 부정적으로 단정하지 말고, 냉정하게 듣는 인내가 필요하다.

이와 같은 사전 정지 작업이 끝난 다음에 설득 작업에 들어가는 것이 정석이다. 완벽한 준비 없이는 결코 정상에 오를 수 없다. 내가 먼저 마음을 비워야만 상대도 그만큼의 여유로 응대한다는 것을 명심하도록 하자.

· POINT ·

상대에게 미심쩍은 면이 있다면 솔직하게 그 느낌을 털어놓아라.

알맹이 없는
결론은 최악이다

결론을 내리지 않는 회의, 결론이 나지 않는 교섭을 해서는 안 된다. 결론에 이르기까지의 과정은 매우 변화무쌍해서 다양한 방식으로 사람들을 현혹시킨다. 그러다 보니 갑론을박하다가 지쳐버리면 다음과 같은 말로 회의를 어물쩍 마무리하려는 사람들이 나타나게 마련이다.

"여태까지 나온 이야기는 다음의 몇 가지입니다. 이미 결론이 나온 거나 마찬가지 아니겠습니까? 이제 그만 정리하고 조만간에 다시 만나 협의하기로 하지요."

마무리가 뭔가 미진하다고 생각되면, 회의가 시작하였을 때의 내용과 끝낼 때의 내용이 어떻게 바뀌었는지를 확인해야 한다. 그 과정에서 발전적인 내용이 드러나지 않았다면 다음 회의 역시 마찬가지로 미진할 공산이 크기 때문이다.

어떤 사람은 이런 상황에서 상대에게 떠맡기는 듯한 마무리를 결론으로 삼는 사람도 있다. 이런 결과를 쉽게 용인해주면, 당신은 상대의 무책임한 발언을 인정한 것이 되고, 추후에 이러지도 저러지도 못하게 된다. 그러므로 반드시 명확하게 짚고 넘어가야 한다.

알맹이 없는 결론에 이끌려가다 보면 그 논의의 결과에 대한 책임 소재가 모호해진다. 그러면 상대방에게 의견이 불분명한 사람, 창조력이 없는 사람으로 비치기 십상이다.

· POINT ·

회의가 시작하였을 때의 내용과 끝낼 때의 내용이 어떻게 바뀌었는지를 확인한다.

상대의
허점을 찔러라

회의나 교섭을 하다 보면 고집스럽게 자신의 사고방식이나 신념에서 물러나지 않는 사람이 많다.

"내 방식대로 해서 실패한 적이 없어."
"결코 그런 방식은 용인할 수 없어."

그들은 주변에서 아무리 합리적인 의견을 제시해도 굽히려 들지 않는다. 이런 독불장군식의 주장은 주로 높은 지위에 있는 사람들에게서 많이 볼 수 있다. 그러다 보니 아랫사람으로서는 어지간한 용기가 없고서는 단념해버리기 십상이다.

불사신 아킬레스에게도 뒤꿈치라는 약점이 있었던 것처럼 아무리 고집스런 상사라도 물러설 수밖에 없는 부분이 있기 마련이다. 그 약점을 찾아 예리하게 미사일을 조종해가자.

첫째, 상대가 현학적인 인물이라면 그 방면의 권위자나 전문가, 유명인의 말을 인용한다.

둘째, 상대가 출세지향적인 사람이라면 사내의 전문기술자나 경영자의 말을 인용한다.

셋째, 사내에서 적이 없는 온후한 인물이나, 그가 유능하다고 언급한 인물의 말을 인용한다.

쉽게 흥분한다거나 말이 많은 사람이라면 속사포 같은 상대방의 발언에서 허점을 포착하기가 힘들다. 하지만 열린 귀를 가진 사람이라면 그 좁은 틈바구니를 향해 반론의 칼날을 휘두를 수 있다. 다음과 같은 반론의 형식을 음미해보도록 하자.

"지난번에 이 안건에 대하여 제작을 책임지고 있는 부산 공장의 김 부장의 말을 들은 적이 있습니다. 그때 여기 있는 사람들 모두가 공감한 걸로 알고 있습니다. 그런데 당신의 말은 그 때의 결론과는 전혀 반대의 방향으로 가고 있습니다. 지금 당신의 의견은 정상적인 제작 절차를 무시하고 있습니다. 너무 독단이라고 생각지 않으십니까?"

회사 내의 부서간 회의는 각 부서간의 이익, 경영자층의 서열에 따라 파벌이 있기 때문에 대표자들은 쉽게 자신의 의견에서 후퇴하려 하지 않는 경향이 있다. 그리하여 논의의 흐름에 자기 부서의 활동에 마이너스적인 요인이 있다면 결론을 미루려고 하게 된다. 이런 때 결론을 재촉하려면 회사의 경영층을 한번 내세워보자.

"좋은 의견이 많이 나왔지만 자꾸 겉도는 느낌이군요. 본질적으로 회사가 잘되기 위한 회의인데 안타깝습니다. 여기에서 어제 사장님께서 심사숙고 끝에 내리신 지침을 한번 되새겨봐야 할 시점이라고 봅니다. 사실 거기에 이미 결론이 나와 있다고 해도 과언이 아니라고 생각합니다. 그러므로 사장님의 지침에 입각해서 다시 한번 냉정하게 의견을 개진해보는 것이 어떻겠습니까?"

• POINT •

불사신 아킬레스에게도 뒤꿈치라는 약점이 있었다.

기분 상하지 않게 거절하는 법

설득과 거절의
경계선에 섰을 때

세상살이란 어떻게 보면 설득과 거절의 공방전처럼 보이기도 한다. 종종 우리는 거절하자니 불쾌하고 승낙하기는 부담스러운 일을 겪곤 한다. 이럴 때 자칫 미온적인 반응을 보였다간 상대로부터 오히려 우유부단하다는 힐난을 받기 쉽다.

거절은 괴롭다. 고통스럽다. 짜증난다. 거절의 자리를 피하고 싶다는 것이 대다수 사람들의 공통된 의견이다. 실제로 'No'는 사람들이 가장 난감해하는 표현 중의 하나이다. 하지만 명확하게 가부를 표시하지 않음으로써 비롯되는 폐해가 더 많음을 안다면, 우리는 보다 당당하게 'YES'와 'NO'를 말해야 한다.

상대방의 설득에 대하여 'No'라고 하지 못하는 것은 상대와의 인간관계가 손상될까 염려해서가 대부분이다. 친한 사람이나 존경하는 사람이 부탁할 때 특히 거절이 어렵다. 더군다나 어떤 목적을 가지고 달려드는 집요한 설득자로부터 자신의 이익을 보호하고 거절의 말을 내뱉기란 참으로 어려운 일이다.

세상을 살며 만나는 대표적인 설득과 거절의 공방전은 돈을 빌려달라거나 보증, 청탁, 이성 소개, 상품 세일즈 등일 것이다. 이런 상황에 접하면 사람들은 몇 가지 심리 기제 때문에 거절의 말이 목구멍까지 나왔다가 들어가곤 한다.

그 첫 번째 이유는 자존심이다. '저 사람이 보기에 나는 부자인데 거절한다면 체면이 서지 않겠지' 하는 심리 상태 말이다. 하지만 상대는 그 점을 비집고 들어서고 있음을 알아야 한다.

둘째는 의리이다. 과거의 동창이나 친척, 과거의 직장 동료들의 부탁은 쉽게 거절하기 어렵다. 하지만 그런 상황에서 이득을 보는 것은 부탁하는 그들이 아니라 제삼자임을 직시하라. 물론 상대가 피치 못할 상황이고 자신도 형편이 가능하다면 도와줄 수 있겠지만, 그렇지 못할 때의 거절은 좀더 간곡한 묘사가 있어야 한다.

셋째는 자기과시욕이다. 상대편이 자신의 성공을 은연중에 부추기면 우쭐하는 마음에 고개를 끄덕이게 되는 것이다.

넷째는 거절의 근거를 찾지 못하는 데 있다. 노련한 세일즈맨들은 처음부터 'YES'라는 말을 목표로 교묘하게 주변부터 공략해온다. 이런 화술에 한번 말려들게 되면 '어, 어' 하는 사이에 공략당하고

마는 것이다.

이런 상황에 한번이라도 접해본 사람은 과연 어떻게 상대의 마음을 다치지 않고 스스로도 부담 없이 거절할 수 있는 방법이 무엇일까를 고민해보았을 것이다. 이제 그 해법을 알아보기로 하자.

· POINT ·

당당하게 'YES'와 'NO'를 말하라.

설득하는 상대를
능숙히 거절하는 법

거절은 차원 높은 설득의 대화 기술이다. 설득과 거절의 공방전은 '상대의 설득 화술'과 '나의 거절 화술'의 대결이다. 이 대결에서 기필코 승리하는 몇 가지 방법이 있다.

첫째, 대의명분을 내세워라. 구차한 핑계를 대지 말라. '보험'이나 '다단계 판매' 등의 권유가 들어왔을 때, 나는 이미 노후설계가 다 되어 있고, 정상적인 유통이 나라의 발전에 도움이 된다고 생각한다는 등의 거창한 대의명분으로 상대하라.

둘째, 제스처를 이용하라. 상대의 설득이 이어지면 섣불리 말로 대응하기보다는 눈빛을 흐린다거나 냅킨을 접는다. 좀 심하긴 하지만 먼 곳을 응시하는 것도 완곡한 거절 심리의 표현이다. 아마 상대의 목소리에 저절로 힘이 빠질 것이다.

셋째, 자신의 분위기로 끌어들여라. 사람은 낯선 분위기에 들어서면 위축되기 마련이다. 가령 거절하기 어려운 상대라면 자신의 사무실 한쪽에 있는 휴게실이나 단골 카페 같은 곳으로 불러들여라. 상대의 설득을 거절하기 난감할 때 자주 자리를 비울 수 있는 이점이 있다.

넷째, 자주 부정적인 어투를 사용하라. 가령 세일즈맨이 신상품을 들고 와서 설득할 때의 방법을 묘사해보자면 이렇다.

"선생님, 이것은 세계 최고의 발명품입니다."

"글쎄요. 전에 TV에서 비슷한 제품을 본 것 같은데……."

"그렇지 않을걸요. 이건 우리나라에 처음으로 소개된 제품입니다. 한번 쓰시면 다른 것은 눈에 차지 않을 겁니다."

"나는 지금도 전혀 불편하지 않은데……."

이렇듯 상대의 정공법에 대하여 요리조리 몇 차례를 회피하다 보면 상대는 점점 설득할 의욕을 잃어버리고 시간 낭비라는 생각이 들게 된다. 고양이는 결코 쥐구멍으로 도망가는 쥐를 잡을 수 없다.

다섯째, 동반자 심리를 이용한다. 누군가 돈을 빌리러 왔다면, 상대의 하소연에 맞장구를 치면서 자신도 돈을 빌려야 하는데 도와주는 사람이 없다고 거꾸로 하소연을 하는 방식이다. 그러면 상대는 오히려 자신의 처지를 동정하면서 미안해할 것이다. 이렇듯 채무자라는 동열에 서 있음을 각인시키면 당신은 상대편의 청탁 리스트에서 깨끗이 지워지게 될 것이다.

여섯째, 막연한 이유를 댄다. 이것은 거절의 이유를 분명히 대지 않고 상대방을 돌려보내는 수법이다. 가령 어떤 상품을 납품하기 위해 온 세일즈맨에게 분명한 이유를 대면 거기에 맞추어 다시 설득을 해올 것이 분명하다. 그러므로 "이 부분은 회사에서 결정해야 될 일 같습니다."라든가 "저희 회사에서 요구하는 것과는 거리가 먼 것 같습니다." 등의 막연한 응수로 상대를 지치게 한다.

일곱째, 즉각 'NO'를 표시한다. 가령 "우리 신문을 구독하시지요."라는 말이 떨어지기 무섭게 "우리는 신문을 보지 않습니다."라고 단호하고 간결하게 선언하라. 그 톤은 명확해야 한다. 그러면 상대는 왜 신문을 보지 않는지 따질 엄두를 내지 못할 것이다. 상대의 말문을 초전에 박살내는 방법이다.

여덟째, 막연한 권위를 이용한다. 재정 보증을 서달라고 달려온 친구가 있는데 도저히 인연상 거절할 엄두가 나지 않는다. 하지만 보증은 동반 패망하는 지름길이라던데 어쩔 것인가. 이럴 때 속담을 이용해보라.

"옛말에 부모 자식 간에도 보증은 서지 말랬잖나. 그래서 보증보험제도가 생긴 것 아닌가."

이 말은 동서고금의 진리이다. 부탁하러 온 상대는 당연히 말문을 닫고 잡담이나 나누다 돌아갈 것이다.

아홉째, 다른 의미로 칭찬하라. 세일즈맨이 현란한 화술로 공략해 오면 이렇게 반응하라.

"참 말씀 잘하시네요. 그 일을 하시려면 회사에서 특별히 화술 교육도 받으시겠군요."

이렇듯 문제의 핵심을 벗어나 다른 화제로 끌고 가면 상대는 초점을 잃고 지리멸렬하게 된다. 어쩔 수 없이 그는 다음 기회를 노릴 것이다.

열째, 불편한 환경을 이용하라. 상대를 설득하는 장소라면 당연히 차분한 음악과 분위기 있는 배경이 필요하다. 그 반대로 거절은 불편한 장소에서 하는 것이 좋다. 시끄러운 음악에 비좁은 의자가 있는 카페, 아이들이 시끄럽게 돌아다니는 식당, 직원들이 부산하게 오가는 휴게실 등의 분위기는 상대방을 조급한 심리 상태로 몰아간다. 사람은 환경에 민감하기 때문에 이런 거친 환경에서 부드러운 거절은 상대를 오히려 속 시원하게 만든다.

· POINT ·

'상대의 설득 화술'과 '나의 거절 화술'의 대결에서 승리하는 법이 있다.

'No'를
분명히 하라

인간관계에서 가장 껄끄러운 부분 중의 하나가 거절이다. 그만큼 거절이란 커다란 용기를 필요로 하는 것이다. 그 과정에서 쓰는 'No'를 생각해보자.

서로 'No'를 '싫다'는 의미가 아닌 '할 수 없다'는 의미로 받아들인다면, 거절하는 쪽은 명확한 거절의 표시를 하고, 거절당하는 쪽은 크게 마음 상하지 않을 것이다. 대부분의 사람이 'NO'의 개념을 혼동해서 사용하기 때문에 거절당한 쪽이 불만을 품는 것이다.

'YES'와 'NO'가 분명한 사람은 종종 쌀쌀맞다든지 냉정하다든지 하는 말을 듣지만, 한편으로 그렇게 인식하는 상대방은 당사자를 대할 때 그만큼 분명하게 대하지 않으면 안 된다는 사실을 부지불식간에 깨닫게 된다.

반대로, 엉거주춤 'YES'와 'NO' 사이에서 방황하게 되면 상대방은 자기 편한 대로 해석하고 기대하게 된다. 때문에 그 결과가 자신의 생각과 반대로 나오면 화를 내게 되는 것이다.

사람은 각자 감정, 욕구, 이해의 정도 및 가치관이 다르기 때문에 비즈니스상의 인간관계는 긍정적인 관계보다는 부정적인 관계가 다반사다. 여기에서 단호한 'YES'와 'NO'는 상대와의 관계를 밀접하게 해주든지 단절되게 해주든지 두 가지 경로를 보여준다.

많은 사람이 자신의 'NO'로 인하여 서로의 관계가 교착 상태에 빠질 것을 두려워한다. 그리하여 "나중에 대답해주지.", "좀 기다려 봐," 따위의 애매한 대답으로 사태를 악화시키는 경우가 많다. 상대는 그런 대답에 나름의 기대를 걸고 다른 노력을 기울이지 않게 된다.

자신이 해결할 수 없는 내용이라면 분명하게 'NO'라고 대답해서 상대가 또 다른 방법을 찾아보도록 해야 한다. 물론 거절당해서 기분 좋은 사람은 없다. 내가 여태 이런 사람과 가까이 지냈던가 하는 자괴감과 배신감까지 품을지도 모른다. 하지만 명확한 거절이 가져다주는 단점은 그 장점에 비해 너무나 하찮다.

무리한 부탁을 하는 상대에게 분명하게 'NO'라고 말한다는 것은 자신을 지키는 일이기도 하다. 중요한 것은 얼마나 덜 불쾌하게 그리고 상대의 자존심을 존중하면서, 'NO'라는 현실을 받아들이게 하는가에 있다. 그리고 그것은 일면 상대에게 신뢰감을 주게 된다.

"처음부터 곤란하면 못하겠다고 말을 해줄 것이지, 나만 우습게 되어버렸잖아."

"너도 내 입장이 되어봐, 그렇게 부탁하는데 그 자리에서 안 되겠다고 어떻게 말을 하겠냐."

'YES'와 'NO'의 경계선에서 이런 말다툼은 흔히 벌어진다. 그러므로 처음부터 상대방의 말을 잘 듣고 감당할 수 없다면 단호하게 거절하도록 하자. 그리고 다른 방법을 함께 고민해준다면 상대도 아쉽지만 물러서지 않을 수 없다. 만일 이런 거절이 인간적으로 받아들여지지 않는다면 그런 사람과의 관계는 끊는 것이 낫다.

· POINT ·

상대에게 'No'를 '싫다'는 의미가 아닌 '할 수 없다'는 의미로 받아들여지도록 하라.

거절할 때는
애매하게 대답하지 마

일상생활에서 우리는 완전히 거절했다고 단정했지만 애매한 말투 때문에 상대방의 오해를 불러일으키는 경우가 많다. 왜냐하면 부탁하는 쪽은 처음부터 어떤 희망을 품고 있기 때문이다.

간단한 예를 들어보자. 어느 날 아이가 엄마에게 달려들어 부탁하는 상황이다. 둘의 대화를 살펴보자.

"엄마, 이번 일요일에 놀이공원에 가요."

"안 돼, 그날은 동창 모임이 있는 날이야."

"난 가고 싶은데, 롤러코스터 타고 싶어."

"내참. 한번 생각은 해볼게. 하지만 기대하지는 마."

엄마는 결국 이렇게 애매하게 대답하고 만다. 하지만 아이는 이미 엄마가 승낙해준 것으로 알고 한 주일 내내 놀이공원의 꿈을 꾸게 된다. 그리하여 막상 일요일이 오면 엄마는 아무렇지도 않은 듯이 동창모임에 나갈 것이고, 아이는 아이대로 마음에 깊은 상처를 받게 된다.

친한 친구들 사이에 있어서도 이런 애매한 거절은 오해를 빚기 쉽다. 가령 친한 친구가 급한 일 때문에 돈을 빌리러 왔다면, 당신은 그 돈을 마련해주기 위해 애를 쓸 것이다.

하지만 다음과 같이 친구가 엉뚱한 제의를 해온다면 어떻게 거절할 것인가.

"이번에 그린벨트 지역에 좋은 땅이 나왔어. 그동안 저축한 돈 있지. 내 돈과 합쳐서 투자를 해보자고. 어때. 몇 년 뒤에 규제가 풀리면 한몫 크게 잡을 수 있으니까."

여기에는 두 가지 방법이 있을 것이다.

"이 친구야, 쓸데없는 소리 하지 마. 언제 그린벨트가 해제되길 기다려. 그런 돈이 있으면 마음 편히 채권이나 사놓겠다."

"좋은 생각인데 좀 아쉽다. 모아둔 돈은 얼마 전에 생활이 곤란한 친구에게 빌려주었거든. 다음에 또 좋은 기회가 있으면 알려줘."

방법이야 여러 가지가 있겠지만 현명한 친구라면 후자처럼 상대의 자존심을 배려하면서도 단호하게 거절하는 방법을 선택할 것이다. "한번 생각해볼게." 같은 모호한 응답은 'YES'라고 오해하게 만든다. 그리고 상대는 은연중에 만족스러운 확답을 기대한다. 왜냐하면 당신은 그의 말을 열심히 들어주었기 때문이다.

가까운 상대의 부탁에 대하여 거절을 할 때는 'NO'의 앞에 '유감스럽지만', '안타깝지만' 등의 시작구를 붙이는 것이 사태를 보다 유연하게 해결할 수 있다. 전자처럼 딱 잘라 거절하게 되면 상대에 따라서는 낯모르는 타인에게서보다 더 심한 모욕감을 느낄 수도 있다.

• POINT •

상대의 자존심을 배려하며 단호하게 거절하라.

정중한 거절이 통하지 않는다면
확실하게 딱 잘라 내쳐라

상대의 말이 신빙성이 있는 듯해 처음에는 유심히 듣다가도 점점 부정적인 듯할 때가 있다. 그럴 때는 상대에게 확실히 미심쩍은 부분을 캐물어 받아들여야 할 내용인지 아닌지를 확인해야 한다. 그러지 않으면 자칫 곤란한 지경에 몰리기 쉽다.

중간에 타이밍을 놓치게 되면 결국 상대는 이쪽에서 불안한 안색을 띠더라도 "일단 검토해주십시오."라는 말까지 나오게 된다. 이렇게 되면 거절의 표현이 차마 입에서 나오지 않는다.

검토란 곧 부적절한 내용을 가능한 방향으로 연구해달라는 의미를 담고 있다. 또한 그것은 긍정적인 응답을 전제로 하고 있는 것이다. 그러므로 상대가 자신만의 환상에 매달려 있다든지, 사탕발림의 말이란 느낌이 들면 처음부터 그의 말이 결론으로 치닫지 못하도록 통로를 막아버려야 한다.

"나는 도저히 이해가 되질 않습니다."
"뭐가 뭔지 알 수가 없군요. 이제 그만 듣겠습니다."
"저로선 결정할 수 없는 사안 같습니다. 다른 분을 만나보시는 게 좋을 듯합니다."

이와 같이 정중하게 거절하는 게 좋다. 그러면 상대는 미련이 남아서 다음에 다시 이 이야기를 하자고 제안할지도 모른다. 거절의 결심을 유보해서는 안 된다. 빈틈을 주어서는 곤란하다. 차라리 입술을 깨물고 다음과 같이 그의 기대를 박살내는 게 서로에게 낫다.

"이 이야기는 끝난 걸로 하지요."

거절은 단호하게, 그러면서도 명쾌하게 하라. 헤어진 뒤 찌꺼기가 남는 거절은 아니 하느니만 못함을 명심하라.

• POINT •
거절하기로 결심했다면 정중하고 단호하게 거절하라.

친한 사람일수록
더 단호하게 거절하라

연간회원으로 가입하면 포인트의 몇 배를 돌려준다든지, 얼마 이상을 쓰면 페이백을 해준다든지와 같은 포인트카드 및 신용카드의 상술과 같이 어떤 사탕발림에서 뭔가 음모를 감지했더라도 자신이 품고 있는 모종의 기대치에 팔려 고개를 끄덕이는 경우가 많다.

이런 상황을 경계하지 않으면 자신도 모르게 유혹의 나락으로 떨어져버린다. 마약 중독자들의 대부분이 타의에 의해서 이 지경이 됐다고 한다. 처음에는 그게 사실일지라도 어느 단계가 지나면 적극적으로 스스로 자기 자신을 파괴하는 데 나섰으리라.

직장 선배가 어느 날 당신에게 이렇게 제안을 해왔다고 해보자.

"이번에 내가 승진 대상인데 특별한 공이 없어서 고민이야. 부탁인데 자네의 기획안을 내 이름으로 제출하면 안 되겠나. 내가 꼭 은혜를 갚을 테니……."

업무상으로는 있어서는 거절해야 하는 상황이다. 하지만 선배와의 인간적인 관계가 부담이 된다. 단호하게 거절하면 서로간의 관계에 흠결이 갈는지도 모른다. 그럴 때는 대나무처럼 휘어지되 꺾이지는 않을 정도의 대응이 필요하다.

"어휴. 이거 참 곤란하게 되었네요. 그 기획안은 이미 부장님께 브리핑을 마쳤거든요. 그걸 그대로 썼다간 불이익을 당하지 않겠어요. 아이디어라면 선배님께서도 만만치 않으니 직접 해보세요. 원하신다면 저도 동참시켜주시고요."

이렇듯 상대방을 대접하면서 확실한 거절 의사를 밝히는 것이 서로에게 뒤탈이 없다.

· POINT ·

뭔가 음모를 감지했더라도 자신이 품고 있는 모종의 기대치에 팔려 사탕발림에 넘어가는 것이다.

상대가 막무가내로 부탁해도
이성적으로 거절하라

"살다 보니 고향 선배밖에 믿을 사람이 없더군요.", "우리가 어디 한두 해 겪은 사이인가." 등등 사회생활을 하다 보면 학연이나 지연을 내세우면서 청탁을 해오는 사람들이 있다. 그들 중에는 정직한 사람들도 있지만, 대부분은 자신의 목적을 달성한 뒤에는 언제 봤냐는 듯 외면하는 파렴치한들이다. 그들은 언제나 선의에 호소하고, 아첨과 회유를 일삼는다.

현명한 청자는 그런 사람의 의도를 단숨에 분쇄하는 방법을 알고 있다. 상대방이 인연을 들먹이면, 당신은 그 당시의 일을 더욱 과장되게 말하면서 역공을 하라.

"참 기가 막히게 그리운 시절이었지. 그런데 지금은 자네 부탁 하나도 들어주지 못하는 처지가 되었으니 나도 참 한심하게 되었네."

이런 식으로 감정에 호소하면 상대는 물러설 수밖에 없다. 단호한 거절과 함께 친분만은 유지하겠다는 메시지를 받았기 때문이다. 감정으로 호소하는 상대에게는 우선 감정의 링거액으로 대응하는 것이 좋다. 물론 거기에는 냉정한 거절의 주사제가 포함되어 있어야 한다.

• POINT •

친밀한 관계에서 거절해야 하는 상황에서는 이쪽도 상대의 감정에 호소해 보라.

6장

리액션에도
기술이
있다

상대에게 신뢰를 주는
몸짓이 있다

　대화는 대부분 서로 마주 보면서 이루어진다. 곧 상대방의 얼굴을 보아야 대화가 된다는 뜻이다. 그러므로 대화를 나누는 당사자 간의 표정 관리가 매우 중요하다.

　그중에서도 눈의 움직임은 매우 민감하다. 눈은 말을 토해내는 입만큼이나 많은 메시지를 담고 있다. 때론 언어의 내용이 말하는 사람의 시선에 따라 의미가 달라지는 경우도 많다. 그래서 눈을 일컬어 마음의 창이라고 하는지도 모른다. 그런 의미에서 대화를 나눌 때는 상대방의 눈을 똑바로 바라보지 않는 게 좋다. 다만 말하는 도중에 신뢰의 눈빛으로 잠깐씩 상대의 눈을 마주치는 것은 효과적이다.

대화 기술에는 일정함과 신뢰감이란 것이 있다. 일정함이란 대화 도중 상대의 얼굴, 즉 볼, 코, 귀 등을 편안하게 바라볼 수 있는 지점에 눈높이를 맞추라는 뜻이고, 신뢰감이란 가끔 상대방의 발언이 어떤 강조점에 이르면 시선을 상대방의 눈으로 옮기며 동조를 해주라는 뜻이다.

대화는 눈뿐 아니라 입에서 손으로, 표정으로, 몸짓으로 이루어지는 전신의 교감이다. 어느 한 부위에 신경이 쏠리면 상대는 적잖이 부담을 느끼게 된다. 하지만 시선은 대화의 진실성을 판단하는 미묘한 창문임을 잊어서는 안 되겠다.

· POINT ·

말하는 도중에 신뢰의 눈빛으로 상대와 눈을 마주쳐라.

리액션이 클수록
상대의 호감이 오른다

　손뼉도 마주쳐야 소리가 나는 것처럼 말하기와 듣기도 상대와 합이 맞아야 한다. 한쪽에서는 열과 성의를 다해서 말을 하고 있는데, 듣는 쪽에서는 흘려듣고 있다면 그 만남은 무가치해진다. 반대로 청자가 화자에게 적극적으로 질문을 하면서 문제를 제기하고 반론을 펼치게 되면 그 자리는 아연 생기를 띠게 된다.

　센스 있는 맞장구는 적극적으로 화자의 뜻을 이끌어내는 화법이다. 그것은 단순히 리듬을 맞추어주는 것만이 아니라, 화제의 본질에 접근해가는 과정이다. 부모가 자식들에게 삶의 방법을 훈련시키는 것처럼, 화자는 무의식중에 자신의 경험에서 나온 노하우를 발설하고 싶어 한다. 하지만 그 수혜자는 귀를 기울이는 사람뿐이다. 이런 화자의 심리를 이용하면 청자는 최고의 정보를 얻을 수가 있다.

그렇다면 화자의 속내를 어떻게 끌어내야 할까? 우선 상대방의 말을 긍정적으로 받아들이고 동조하자. 그리고 천천히 그 내용에 박자를 맞춘다. 그렇게 분위기가 고조되면 화자는 자신의 내면의 기밀까지도 무의식중에 풀어놓는다.

만일 당신이 그 사람에 대해서, 혹은 현재 추진되고 있는 어떤 일에 대해서 알고 싶다면, 상승 곡선을 이루며 고조된 분위기가 떨어질 즈음 기름을 살짝 부으면 된다.

"그랬군요. 그런데 그건 어떻게 되어가고 있는 거죠?"
"아니, 저로서는 이런 방법이 낫다고 생각했는데……."

이런 의문부호가 상대방의 오기를 자극한다. 상대방에게 자신이 편안한 약자로 자리하면, 그는 불편한 강자가 된다. 그리되면 상대방은 자신의 모든 것을 쏟아내지 못하면 성이 차지 않게 되는 것이다.

• POINT •

센스 있는 맞장구는 적극적으로 화자의 뜻을 이끌어내는 화법이다.

리액션에도
기술이 있다

듣는 이가 맞장구를 잘하면 말하는 이는 신명나게 이야기를 풀어놓아 편한 분위기가 된다. 실제 대화에서 활용할 수 있는 몇 가지 맞장구 기법을 소개한다.

첫째, 수락이나 동의의 맞장구이다. '음', '그래', '아', '그렇군', '물론이지' 등인데, 여기에 몇 마디 동의어를 덧붙인다면 화자는 더욱 신이 나서 이야기를 하게 된다.

둘째, 유도의 맞장구이다. '그다음에', '그리고', '그래서', '그리고 어떻게 됐어?' 등이다. 이 리듬에 맞추어 화자는 본격적으로 초점에 다가서게 된다.

셋째, 의문의 맞장구이다. 화자의 말이 모호하거나 논점에서 벗어나 있다면 '그럴까?', '정말?', '어째서?' 등의 말로 주의를 환기시킨다.

넷째, 격려나 조력의 맞장구이다. 의기소침해진 화자에게 '그건 그래.', '잘될 것 같군.' 등의 말로 어루만져주면 상대방은 깊이 담아두었던 비밀스러운 내용까지 털어놓을는지도 모른다.

다섯째, 감탄과 기쁨의 맞장구가 있다. 화자가 축하받을 일이나 자랑하고 싶은 일의 꼬리를 약간 비칠 때 쓰는 방법이다. '잘됐다.', '좋네.', '대박.', '대단하다.' 등으로 정감을 표시한다.

여섯째, 부정적인 맞장구로 카타르시스를 안겨준다. 상대방이 실수를 했거나 야단을 맞았다든지, 불미스런 일이 생겼을 때 '말도 안 돼.', '네가 왜!', '내참, 어이가 없네.', '무슨 그런.', '나 원 참.' 등의 부정적인 맞장구를 활용한다. 그러면 화자는 묻지 않은 내용까지도 시시콜콜 설명하면서 동의를 구할 것이다.

일곱째, 장면 전개의 맞장구가 있다. 화제가 너무 지루하다고 느껴진다면 상대의 기분을 상하지 않게 상황을 바꾸는 방법이다. '그건 그렇고', '그런데', '이야기를 한번 바꾸어보자.' 등의 말로 타겟을 변경하면 된다. 그러다가 상대와 대화를 더 이상 지속할 필요가 없다고 느껴지면 '결국 그런 거였군.', '그런 결과가 되어버렸구나.', '이제 무슨 뜻인지 알겠어.' 등의 종결사로서 상황을 끝낸다.

· POINT ·

맞장구를 잘하면 말하는 이는 신명이 난다.

친해지고 싶다면
'단답'은 금물

처음 마주한 상대와 쉽게 마음의 벽을 허는 아주 중요한 기술이 있다. 바로 상대의 말에 나의 말을 덧붙이는 방법이다. 이른바 원 스트로크가 아니라 투 스트로크로 말하기이다.

상대가 초면에 "처음 뵙겠습니다."라고 인사했을 때, 이쪽에서 "예, 안녕하십니까."라고 싱겁게 받는다면 둘의 관계는 발전성이 없다. 만일 "안녕하세요. 멀리서 오시느라 힘드셨죠?"라고 받는다면, 상대방은 십중팔구 "네. 지하철을 타고 와서 겨우 시간을 맞출 수 있었습니다."와 같이 다시 한번 대답할 것이다. 이렇게 되면 '거리'와 '지하철'이라는 주제가 등장하면서 서로에게 배려한다는 인상과 함께 평범한 몇 마디의 대화라도 어색하지 않게 나눌 수가 있다.

직장에서는 어떻게 활용할 수 있을까? 출장을 가는 부하 직원에게 "잘 다녀오게."라는 한마디는 왠지 사무적이다. 대신 "잘 다녀오게. 이번에 제주도엘 가면 싱싱한 다금바리 맛 좀 보고 오겠군. 부럽네."라는 식으로 말하는 것이 훨씬 정감이 넘친다.

이럴 때 꾸벅 고개를 숙이며 "그럼 다녀오겠습니다."라고 말하는 부하 직원이라면 발전 가능성이 제로이다. 희망이 있는 사람은 이렇게 말할 것이다.

"하하, 그 비싼 다금바리를 어떻게 먹겠습니까. 눈이나 호강하겠지요, 뭐."

이렇게 너스레를 떨면 상사와의 대화가 좀더 부드러워질 것이다.

질문에 단답형으로 답하면 대화가 딱딱하게 끊어지기 쉽다. 덧붙이기를 염두에 두어 대화를 이어나가보자. 상대와의 관계가 좀더 가까워질 것이다. 그리고 잘 알던 사람이라면 좀더 호감을 키워 나갈 수 있게 된다.

특히 누군가와의 첫 만남에서 말 덧붙이기를 활용해보라. 자칫 어색해질 수 있는 분위기를 부드럽게 가져가는 비밀병기로 활용할 수 있다.

· POINT ·

질문에 단답형으로 답하면 대화가 딱딱하게 끊어지기 쉽다.

상대방의
입장을 고려하라

"나는 다른 사람을 방문할 때는 미리 말할 것을 충분히 생각하고, 상대방의 대답을 상정하여 뚜렷한 윤곽이 드러날 때까지는 결코 집 안에 들어가지 않는다."

하버드 대학 도남 교수의 말이다. 사려 깊은 사람은 상대편의 입장에서 이해하려고 한다. 사람들은 대부분 반성보다는 비난에 길들여져 있다. 하지만 그 경계를 넘어서면 상대와 조화롭게 어울릴 수 있다.

사람은 누구나 자신의 관심, 남에 대한 호기심, 일에 대한 통념 등을 가지고 있다. 그러므로 원인에 흥미를 갖게 되면 결과에도 동정심을 갖게 된다.

상대의 체면을 세워주고 불평을 누그러뜨려줌으로써 서로가 기분 좋은 결과를 맺는 경우는 우리 주변에 무수히 많다. 그러므로 어떤 부탁을 할 때는 상대의 입장에서 그의 기분을 상하지 않게 말을 꺼낼 것인가를 상상해보는 것도 괜찮다.

쌍방의 논의가 접점을 찾지 못해 좀처럼 앞으로 나아가지 않는 경우에는 자신의 견해를 밀고 나가기 전에 상대방이 한동안 말하도록 둔다. 어떤 논의를 하다가 충돌이 빚어지는 원인 중의 대부분은 상대방의 의견을 다 듣지도 않은 상태에서 반론을 펼치는 경우이다.

만일 상대방의 의견이 모호하거나 허둥대는 모습을 보인다면, "제가 아직 이해를 다 못 한 것 같습니다. 조금만 더 설명해주실 수 있으십니까."와 같은 말로 상대방의 물꼬를 터주면 좋다.

이것은 역지사지(易地思之), 즉 상대편의 입장에서 생각하는 방법이다. 그렇게 해서 상대의 내심을 완전히 파악한 다음 자신의 의견을 명확하게 개진하면 된다. 물론 역지사지의 기법에 맞지 않는 상황도 있다. 그런 상황은 대화의 당사자들이 대응 관계, 상하 관계에 있을 때 종종 벌어진다.

"당신도 내 입장이 되어봐. 당신 때문에 우리 가족이 길거리에 나앉게 생겼단 말이야."

채권자가 파산한 채무자에게 빚을 강요하면서 이런 식으로 아무리 다그친들 문제는 아무런 해결점을 찾지 못한다. 두 사람의 관계만 더욱 나빠질 뿐이다. 채무자로서는 이미 자신이 최악의 상태에 놓여있고, 현재 상대의 요구를 소화해낼 만한 아무런 능력이 없다. 이런 경우에는 어떻게 하면 함께 위기를 헤쳐 나갈지를 논의하는 편이 훨씬 나을 것이다.

· POINT ·

상대의 내심을 완전히 파악한 다음 자신의 의견을 명확하게 개진하라.

되받아치는 대화의 기술,
응수 화법

회의석상이나 교섭 도중 상대방의 분위기에 이끌려 가다가 단 일 발로 상황을 역전시키는 응수 화법이 있다. 이것은 수비를 위주로 하는 축구팀이 내내 시달리다 기회를 노려 완벽한 득점을 성공시키는 것과 똑같은 전술이다.

응수 화법은 알고 보면 언어 표현이 가지고 있는 꽤 흥미로운 현상인데, 어떤 승부에서든 일방적인 면이 없다는 반증이기도 하다. 응수 화법을 알아두면 성패를 좌우하는 중요한 대화에서 허점을 드러내지 않을 뿐만 아니라 수세를 반전시킬 수 있다. 일반적인 응수 화법의 실례를 살펴보자.

첫째, 상대의 결론 부분을 지목하여 그 허점을 찌르는 방법이다. 예를 들면 국회에서 의원 간에 설전이 벌어졌을 때 다음과 같은 공방이 있었다.

"교원의 퇴직 정년을 63세로 환원해야 마땅합니다."

"방금 교원의 퇴직 정년을 63세로 환원해야 한다고 말씀하셨습니까? 하지만 지난 회기에는 62세로 줄이는 데 가장 적극적이셨던 분이 의원님이신 줄로 알고 있는데요."

이 한마디에 상대당 의원은 우물쭈물 아무런 답변도 하지 못하고 물러나고 말았다.

둘째, 상대의 말을 긍정하는 듯하면서 부정할 수밖에 없는 치명적인 약점을 상기시키는 방법이다. 회의 중에 누군가가 이런 의견을 펼쳤다고 하자.

"지금 우리는 이 전략 상품에 대하여 대대적인 광고를 펼치는 것이 마땅합니다."

이때는 광고 전략 자체에 대해서 반박하기보다는 다음과 같이 제품 자체의 치명적인 약점을 거론하는 것이 설득력이 있다.

"물론 광고는 필요합니다. 하지만 분명히 우리 제품에 경쟁사 제품에 비해 하자가 있습니다. 우선 그것을 개선하는 것이 시급하지 않겠습니까?"

셋째, 상대의 발언을 가볍게 무시하고, 이미 준비된 결론으로 밀고 나가는 방법이다. 예를 들면 모임의 대표를 뽑고자 하는 상황인데, 유능한 사람이 사적인 이유로 반려를 할 때 이와 같은 부정법이 사용된다.

"저는 이런 직책을 맡기에는 경험이 부족합니다. 다른 분들 가운데서 선출했으면 좋겠습니다."

"무슨 말씀이십니까. 이 모임을 리드할 사람은 선생님밖에 없다는 걸 잘 아시면서 그러십니까? 농담도 지나치면 결례가 되는 법입니다."

넷째, 구체적인 증거를 제시하여 상대의 주장을 반박하는 방법이다. 여기에는 통계 자료나 권위 있는 학자의 서적, 영상 자료 등이 모두 포함된다.

"말도 되지 않는 소리 그만하십시오. 당신의 생각은 추측에 불과합니다."

이렇게 힘으로 밀어붙이는 상대에게 다음과 같이 수사관처럼 증거를 들이미는 것이다.

"무슨 말씀이십니까. 보십시오. 여기 해당 부서의 회계자료와 감사자료가 다 있습니다. 이 자료들에 따르면……."

다섯째, 상대편의 반론에 대하여 좀처럼 재반론의 근거를 잡을 수 없을 때, 세부적인 반론의 근거를 꼬치꼬치 캐물어서 스스로 허점이 드러나도록 하는 방법이다. 실전의 예를 들면 다음과 같다.

"이 영화는 선정성이 강해서 등급 판정이 곤란합니다."

"어떤 부분에서 이 작품이 선정성이 강하다는 것인지 설명을 해주십시오."

"전체적으로 영화의 주제와 관련 없는 섹스 신이 너무 많습니다."

"그렇다면 이 작품의 주제와 섹스신이 어떻게 무관하다는 판정을 내렸는지를 구체적으로 말씀해주시겠습니까?"

· POINT ·

응수 화법은 허점을 드러내지 않으면서 수세를 반전시킨다.

아는 척
모르는 척

    보험사원 M씨는 고객들의 관심사를 정확하게 알아내어 그들의 이야기에 박자를 잘 맞추어주는 것만으로 계약의 대부분을 따내는 사람이다. 그는 어느 날 보험 가입을 꺼리던 작가 K씨의 집을 찾아가 평범한 일상사를 나누다가 문득 오디오에서 나오는 음악을 주제로 올렸다.

    "참 편안하고 즐거운 곡이군요. 모차르트인가요?"

    그러자 K씨는 웃으면서 대답했다.

    "베토벤입니다. 놀라셨죠. 베토벤도 이런 곡을 썼답니다."

    "아, 베토벤이었습니까? 거참, 저도 클래식을 가끔 듣지만 처음 듣는 곡이네요. 항상 음악을 즐기시나보지요"

이렇게 대화가 진행되자 흥이 오른 K씨는 음악에 관해서 본격적으로 이야기를 시작했다. M씨는 몹시 즐거운 표정으로 그의 말을 들어주었고, 그 집을 나올 때는 계약서에 K씨의 사인이 적혀 있었다.

사실 그는 통신모임에서 클래식 음악 동호회를 운영할 만큼 클래식 음악에는 전문가였지만, 작가인 고객 앞에서는 초보자인 척하면서 호승심을 자극하여 목표를 이루었던 것이다.

· POINT ·

관심사를 정확하게 알아내어 상대의 이야기에 박자를 맞추어라.

때로는 약한
모습을 보여라

남녀가 아무리 가까워져도 둘 사이에 결정적인 계기가 없다면 언제라도 헤어질 수 있는 틈이 있다. 이런 틈을 메우는 것은 두 사람의 정성이 필요하지만, 남자가 여자에게 썼을 때 효과적인 방법이 있다.

여성에게는 특유의 방어 본능이 있어서 가까이 다가가면 다가갈수록 경계심 또한 높아진다. 이럴 때 남성이 자신의 성공담이나 의지만을 내세워서는 어필할 수가 없다. 상대로선 그 능력이야 대단하다고 느낄 수 있지만 일면 거만하다는 인상을 지울 수 없는 것이다. 그러므로 기회가 있을 때 종종 몸을 굽혀야 한다.

"내참, 어처구니없는 실수를 해버렸군. 어떡하면 좋지?"

물론 그것은 예정된 수순이다. 그 실수에 대한 대비책은 이미 있지만 여자에게만은 약한 모습을 보이는 것이다. 이때 여자는 방어본능보다는 모성본능이 활발하게 작용하게 된다. 그런 순간을 놓치지 않는 남자가 그 여자를 얻을 수 있다.

친구와의 관계에서도 마찬가지다. 잘난 체하는 친구보다는 자신의 아픔을 고백하면서 상담을 원하는 친구가 더욱 살뜰한 법이다. 친구는 어느 정도 우월감을 느끼면서도 따뜻하게 말해줄 것이다.

"한때 나도 그런 적이 있었어. 그때 나는 이렇게 대응했는데 어떨지 몰라."

이런 과정 속에서 서로가 감추어두었던 속마음을 편하게 이야기할 수 있고, 남보다 더욱 친밀해진다.

직장 상사들 중에는 부하 직원에게 "좋은 곳이 알아두었는데 거기 가볼까?"라든지, 상담을 나가면서 "그 사람이야 내 손바닥 안에 있지."라며 으스대는 이들이 있다. 이런 유형의 상사에게 다가설 부하는 없다. 십중팔구 속으로 '제가 뭔데 큰소리를 쳐', '그래, 너 잘났다' 하면서 비웃을 것이다.

반대로 "좋은 곳이 있다는데 어쩐지 혼자 가기가 쑥스럽군. 자네와 함께라면 한번 가보고 싶은데……."라든지, "오늘 상담하기로 한 고객은 상대하기가 버거운 사람이야. 자네는 센스가 있으니까 좀 도와주지 않겠어?"라면 어떨까?

이렇듯 상대방의 기사도나 모성애를 자극하면 반응은 훨씬 부드러워진다. 그런 말을 들은 당사자로서는 '아, 이 사람이 내 능력을 믿어주는구나.' 하는 느낌을 강하게 받게 된다.

상대방에게 약한 모습을 보이는 것도 대화의 기술이다. 인간이란 상대방의 약점을 메워줄 수 있다고 믿을 때 자신의 문을 열고 다가선다.

· POINT ·

상대방의 기사도나 모성애를 자극하면 반응은 훨씬 부드러워진다.

툭 던지면 반응이 오는 말,
"요즘 왜 그래?"

오늘 집에 들어가서 아내에게 "당신 요즘 왜 그래?"라고 한번 물어보라. "아니에요. 저는 잘못한 것 하나도 없어요. 옆집 새댁이 권해서……." 하면서 얼결에 바가지를 쓴 내용을 토로할지도 모른다.

애매하게 허공에 잽을 날렸는데 상대방은 마음에 걸린 일을 자백해버리고 마는 것이다. 언젠가 모 회사의 사장이 경리과장에게 지나가는 말투로 "이봐, 자네 요즘 왜 그러는 거야."라고 말했는데, 과장은 사색이 되어 "사장님, 용서해주십시오. 얼마 전에 수금한 돈을 급히 다른 곳에 썼습니다." 하고 잘못을 고백했다고 한다.

이렇게 애매한 말투로 의외의 소득을 올리는 방법은 대화에서 매우 유용하게 사용할 수 있다. 상대방이 무엇인가 감추고 있는 것 같다든지, 아직도 중요한 내용을 다 말하지 않는 것 같다면 이와 같은 암시적이고 비유적인 언사를 적절히 활용하도록 하자.

"그게 사실인가?"
"정말 그럴 수도 있나?"
"뭐가 있긴 있군."

물론 이런 말들은 애매하기 때문에 받아들이는 쪽의 사정에 따라 효과가 나타나지 않을 수도 있다. 하지만 잽을 던진 측으로서는 반응이 없으면 그뿐이고, 반응이 있다면 그만큼 이득이 될 것이다.

• POINT •

상대방이 무엇인가 감추고 있는 것 같다면 가볍게 툭 던져보자. "요즘 왜 그래?"

내가 선택하지 말고
상대의 선택을 유도하라

다음은 앞날을 준비하는 젊은이에게 경험 많은 어른이 종종 제시하는 양자택일의 질문이다.

"자, 여기에 인생의 두 가지 길이 있다. 한쪽은 편안한 길이지만 끝에는 굴종과 패배가 기다리고 있다. 다른 한쪽은 험난한 고행길이지만 끝에는 자유와 영광이 있다. 너는 어떤 길로 가려느냐."

양자택일은 자칫하면 흑백논리의 오류에 빠질 수 있기 때문에 조심해야 하지만, 일상의 대화에서 상대에게 빠른 선택을 재촉하는 상황에서 암시적인 방법으로 자주 사용된다.

예를 들면, 백화점이나 상점에서 손님이 물건을 고를 때 망설이고 있을 때 현명한 점원이라면 고객에게 이렇게 말할 것이다.

"이 제품은 품질도 좋고 지명도도 있지만 가격이 좀 비쌉니다. 디자인은 좀 클래식하지요? 그리고 이 제품은 품질도 선생님이 쓰시기에 적당한 것 같고 가격도 저렴합니다. 디자인은 젊은이들에게 어울리고요. 선생님의 필요에 맞는 걸로 고르시지요."

계속 망설이는 눈치라면 "좋은 품질인데 중소기업 제품도 있습니다. 브랜드 값이 빠지니까 훨씬 싸고 만족할 만합니다. 손님께서 대기업 제품을 선호하는 분이 아니라면 이쪽도 참 좋습니다." 하면서 선택의 폭을 넓혀준다. 그러면 손님은 자연스럽게 지갑을 열게 된다.

오랜만에 전화를 한 친구와 약속을 할 때도 이런 양자택일의 방법을 쓰면 관계가 좀더 원만해진다. 만일 이쪽에서 "오랜만에 통화되었는데 오늘 저녁 만나서 회포를 푸는 게 어때?"라고 일방적으로 말한다면 친구는 갑작스런 제의에 부담을 느끼게 될 것이다. 하지만 거기에 "아참, 오늘은 나도 어려울지 모르겠군. 우리 무리하지 말고 주중에 날을 정하면 어떨까?"라고 덧붙인다면 상대방은 편안하게 선택할 수가 있게 된다.

"아니, 나는 오늘도 괜찮아. 몇 시에 볼까?"라든지 "응, 나도 오늘은 선약이 있어서 곤란하고, 날을 정해서 내가 다시 전화할게."라고 대답할 것이다.

　이쪽에서 먼저 상대를 배려하는 연출을 하게 되면 상호간에 분위기가 어색하지 않게 된다. 연기를 하는 사람이 좀 더 편하게 대사를 하도록 하는 것이다.

· POINT ·

　일상의 대화에서 상대에게 빠른 선택을 재촉하는 상황에서 양자택일 화법이 효과적이다.

7장

관계를 다지는 아름다운 거짓말

그 사람의
이름을 불러라

사람은 본능적으로 자신의 이름에 대하여 비상한 애착이 있다. 하지만 남의 이름은 잘 기억하지 않는다. 무슨 이유로 남의 이름을 잘 기억하지 못하는지는 차치하자. 분명한 것은 자신의 이름에 애착을 가지고 있는 사람보다는 남의 이름을 잘 기억해주는 사람이 성공에 근접하다는 점이다.

유명한 피아니스트 파르레프스키는 전용기차의 흑인 요리사에게 언제나 '미스터 코파'란 정중한 호칭을 써주었다. 그래서 그 요리사는 그를 언제나 존경과 기쁨으로 대하였으며, 요리 하나를 만드는 데도 온 정성을 기울였다고 한다. 파르레프스키는 얼핏 지나칠 수 있는 사람에게까지 호칭에 대한 배려를 잊지 않음으로써 거꾸로 자신의 고고한 품격을 유지했던 것이다.

강철왕 앤드류 카네기도 이름을 소중하게 여기던 성공자 중의 한 사람이었다. 어린 시절부터 인간관계 관리에 탁월한 소질을 보였던 그는 사람의 이름을 어떻게 활용했을까?

언젠가 조지 풀맨과 침대차 판매 경쟁이 벌어졌을 때도 카네기는 특유의 적극적인 전략을 펼쳐 보였다. 당시 그가 사장으로 있던 센트럴 트랜스포테이션 사와 풀맨의 회사는 유니언 퍼시픽 철도회사에 침대차를 팔기 위해 경합 중이었다. 이런 가운데 두 사람이 뉴욕의 센트니코러스 호텔에서 마주쳤다. 이때 카네기가 먼저 말을 걸었다.

"안녕하세요. 풀맨 씨. 생각해보니 우리 두 사람은 쓸데없는 경쟁을 하고 있는 것 같습니다."

"그게 무슨 말입니까, 카네기 씨?"

조지 풀맨이 되묻자, 카네기는 서로 반목하기보다는 두 회사를 합병하여 보다 큰 이윤을 창출시킬 수 있음을 강조했다. 그의 제안을 한참 듣고 있던 풀맨이 물었다.

"그렇다면 새 회사의 이름은 어떻게 지을 겁니까?"

"그거야 풀맨파레스차량회사로 하면 되지 않겠습니까?"

카네기의 망설임 없는 대답에 풀맨은 즉시 얼굴에 화색이 돌았다. 자신의 이름으로 회사의 이름을 짓는다는 것은 커다란 명예였던 것이다. 그리하여 두 회사의 분쟁은 일순간에 종식되었다.

상대의 이름을 불러주고 존중해준다는 것은 이처럼 커다란 위력을 발휘한다. 누군가의 이름을 기억하고 불러줄 때마다 그는 당신의 친구가 된다. 성공의 메신저가 된다.

· POINT ·

누군가의 이름을 기억하고 불러줄 때 그는 당신의 친구가 된다.

관계를 회복할 때 필요한
아름다운 거짓말

인간관계에서 오해는 어쩔 수 없이 일어나는 일이다. 오해를 피할 수 없으니, 그로 인해 야기되는 여러 가지 분쟁을 슬기롭게 극복하는 과정이 중요한 것이다. 오해를 풀어주는 방법 중에 가장 쉬우면서도 잘 행해지지 않는 것이 바로 상대를 인정해주는 것이다.

옛날 어떤 왕은 적국의 왕이 죽었다는 소식을 듣고 통곡을 했다고 한다. 평소에는 창끝을 겨누던 숙적이었지만 그로 인하여 자신의 존재감을 느낄 수 있었기 때문이다. 그만큼 그 왕은 적국의 왕을 인정했고, 거꾸로 인정받았으리라.

인간에게는 타인으로부터 인정받고 싶어 하는 욕망이 있다. 그렇다면 분쟁을 타개하는 방법은 간단하다. 당신은 상대를 인정하고 칭찬해주기만 하면 된다.

상대를 중요한 존재로 인정할 때 그와 당신은 함께 발전하게 된다. 이것은 사회생활뿐만 아니라 가정에서도 적용된다. 남편과 아내가 명령하고 복종하는 상하 관계가 아니라 서로 존중하고 가정이란 공간을 행복의 터로 가꾸어 나가는 파트너임을 인정한다면, 웬만한 오해로 인한 불화는 전혀 생기지 않을 것이다.

"입에 발린 소리를 능숙하게 할 수 있을 때까지는 절대로 결혼하지 말라. 독신일 때는 여성을 칭찬하든지 말든지 자유이지만 일단 결혼하게 되면 칭찬은 필수불가결한 조건이 된다. 이것은 자신의 안전을 위한 것이다.

솔직하게 말하지 말라. 결혼 생활은 외교와 같다. 아내의 가사에 대하여 비난하거나 시어머니와 비교하지 말라. 언제나 아내를 칭찬하고 그로 인하여 자신이 얼마나 행복한지를 말해주라.

비록 비프스테이크가 쇠가죽처럼 굳어 있고, 토스트가 검은 숯이 되었더라도 결코 잔소리를 해서는 안 된다. 그러면 아내는 당신을 위하여 몸이 가루가 되도록 일할 것이다."

도로시 디스크 여사의 이 말은 오해나 분쟁을 극복하는 명약은 칭찬 이외에는 없음을 조언하고 있다. 그것은 우리 생활 속에서 아름다운 거짓말이 얼마나 중요한 조미료일 수 있는가를 보여준다.

상대를 중요한 존재로 인정할 때 그와 당신은 함께 발전하게 된다.

칭찬은 고래도
춤추게 한다

자신을 경원시할 것 같은 상대가 거꾸로 진심 어린 존경과 찬사를 보낸다면 잔뜩 굳어 있던 경계심이 눈 녹듯 사라지고 금방 친구가 될 수 있는 것이다. 누구에게나 단점과 장점은 있다. 문제는 상대의 단점을 공격하느냐, 장점을 부각시켜주느냐의 차이인 것이다.

미국 대통령 쿨리지는 문서를 작성할 때 종종 실수하는 여비서에게 질책하기보다는 우선 칭찬을 함으로써 그녀로 하여금 스스로 조심하게 만들었다. 그는 본래 말이 없는 사람이었지만 집무실에 들어가기 전에 여비서에게 이렇게 말했다.

"그 옷이 정말 잘 어울리네요. 당신은 참 아름다워요."

갑작스런 대통령의 조크에 여비서는 몹시 당황해서 볼이 빨갛게 물들었다. 이때 그는 이렇게 말한다.

"내가 이렇게 말하니 이상한가요. 하하. 그러다가 문서의 구두점을 놓치겠군요. 열심히 해주길 바랍니다."

그 말을 들은 여비서는 비로소 자신의 실책을 알게 되었지만, 아무래도 기분은 나쁘지 않다. 그녀는 복장을 추스린 다음 보다 정확한 문서를 작성하기 위해 눈을 밝히게 되는 것이다.

이렇듯 칭찬이란 유용하면서도 사람을 고무시킨다. "웃는 낮에 침 뱉으랴."란 말도 있지만, 실제로 자신을 칭찬해주는 상대를 고깝게 여기는 사람은 정신병자나 다름이 없을 것이다. 가령 식당에서 종업원에게 주문을 한 다음 메뉴를 바꾸고 싶을 때 이렇게 말해보라.

"보통 먹는 스테이크를 주문했지만 저기 메뉴판에 있는 핫케이크가 정말 먹음직스럽게 보이네요. 저걸로 바꾸면 안 될까요?"

아마 종업원은 미소를 띠며 당신의 요구에 응할 것이다. 왜냐하면 이 말투에는 식당의 솜씨가 담긴 핫케이크에 대한 칭찬이 담겨 있기 때문이다. 이처럼 칭찬이 담긴 한마디는 일상의 윤활유 역할을 함과 동시에 사람과 사람 간의 소통을 원활하게 해준다. 교회에서

찬송가가 신도들의 신앙심을 고양시키고 신의 은총을 온몸에 퍼뜨리듯 당신의 칭찬은 그것을 받아들이는 상대방은 물론 당신 자신까지도 들뜨게 만들어줄 것이다.

칭찬의 법칙이 의심스럽다면 가정에서부터 테스트해보라. 이른 아침 식사 준비를 하고 있는 당신의 아내에게 유난히 아름다워 보인다던가, 앞치마의 무늬가 예쁘다는 칭찬을 해보라. 그녀의 장밋빛으로 물든 얼굴을 바라보며 시작하는 당신의 하루도 너무나 상쾌할 것이다.

· POINT ·

자신을 칭찬해주는 상대를 고깝게 여기는 사람은 정신병자나 다름이 없다.

개와 싸워서 이긴들
남는 건 상처뿐

우드로 윌슨 내각의 재무장관 윌리엄 맥도바는 오랜 정치 생활에서 아무리 무식한 인간이라도 시비로 이기기는 불가능하다는 점을 깨달았다고 한다. 이것이 진실이다.

그 누구도 자신이 무지하거나 패배했다고 긍정하는 것을 원치 않는다. 그러므로 토론을 좋아하는 사람 역시 진정한 승리는 독사나 지진을 피하듯 논쟁을 피해야 한다. 상대를 여지없이 때려눕혔다 해도 그 상처는 함께 받게 마련이다.

공격을 당한 쪽은 자존심을 상했음으로 당신에게 원한을 품게 되어 있다. 잠깐의 토론 과정에서 일생의 적을 만든다는 것은 과연 이익인가, 손해겠는가. 이쯤에서 링컨의 매운 한마디를 들어보라.

"자기 향상을 염두에 두고 있는 사람은 시비 따위에 시간을 낭비할 필요가 없다. 그 결과는 불쾌감이나 흥분뿐이다. 이쪽이 5퍼센트의 타당성밖에 없다면 아무리 중대한 일이라도 양보하라. 이쪽이 100퍼센트의 타당성을 가지고 있다고 해도 사소한 일이라면 양보하고 말 일이다.

우리가 골목에서 사나운 개를 만나면 권리를 주장해서 물리치기보다는 비켜서는 것이 현명하지 않겠는가. 비록 개와 싸워 이겼다 해도 당신에게 남는 것은 상처뿐이다."

패트릭 오헤아라는 아일랜드 사람은 자가용 운전수를 하다가 트럭 세일즈업계에 뛰어들었다. 하지만 그는 손님이 차에 대하여 조금이라도 불만을 토로하면 분개하여 논쟁을 벌이곤 하였다. 이런 그에게 어떤 손님이 주문을 하겠는가. 몇 차례의 실패 후 자신의 약점을 깨달은 그는 오랫동안 침묵하고 칭찬하는 법을 배워야 했다. 이와 같은 타입의 인간형을 위해 벤자민 프랭클린은 또 다음과 같은 금언을 남겼다.

"시비를 걸거나 반박을 하면 상대를 이길 수 있다. 하지만 그것은 헛된 승리이다. 상대의 호의를 절대로 얻어낼 수 없기 때문이다."

자기 향상을 염두에 두고 있는 사람은 시비 따위에 시간을 낭비할 필요가
없다.

남을 비난하지 마라
틀린 것이 아니라 다른 것이다

"당신의 언행은 모두 정당한가?"라는 물음에 "예."라고 말할 수 있는 사람은 아무도 없을 것이다. 인간은 불완전한 존재이다. 한 시대를 풍미하던 뉴턴의 만유인력은 이미 오류가 증명되었고, 태양이 지구 주위를 돈다는 중세의 엄격한 진리는 이미 과학사의 가십으로 남아 있다.

사람들이 완전하다고 믿는 것이 완전히 틀릴 수도 있다. 극악한 살인범으로 사형 판결을 받은 사람이 하루아침에 무죄로 판명되어 풀려 나오는 경우는 또 얼마나 많았던가. 이런 관점에서 사람은 자신의 지식과 경험을 아무리 총동원하여도 완전한 판단을 내릴 수는 없다는 결론을 얻을 수 있다.

진실, 그것은 오롯이 신의 영역이다. 그렇기 때문에 사람들은 어떤 의사 결정을 하는 데 있어 협력과 보완을 통해 완전에 다가서려 하는 것이다. 곧 인간적인 오류를 최소화하려는 지혜이다.

현명한 사람은 인간의 허점을 알고 있기에 남의 잘못을 탓하기보다는 자신의 실수를 줄이려는 노력을 게을리하지 않는다. 남의 잘못을 지적하기 좋아하는 사람에게는 커다란 허점이 있다. 자기 눈의 들보는 보지 못하고 남의 눈의 티만을 타박하고 있는 것이다.

그러므로 결코 타인의 생각을 고치려고 해서는 안 된다. 만일 그를 설득하고자 한다면 상대가 눈치채지 못하게 해야 한다. 직격탄이 아니라 우회하는 것, 이것이 중요하다. 여기 실패자와 성공자의 예가 있다.

남북 전쟁 무렵 저명한 신문의 편집자였던 호라스 그릴리는 링컨의 정책을 강력하게 반대하고 그의 정책을 바꾸려고 무던히도 애를 썼다. 하지만 그의 기사는 불손하기 그지없는 조소와 비난으로 가득했기 때문에 아무런 소득을 얻지 못하였다. 그에게는 거꾸로 링컨을 헛되이 공격한 인물이라는 오명만이 전해진다.

북극 탐험가로 유명한 과학자 스토퍼슨은 1년간 북극에서 물과 고기만으로 견딘 적이 있었다. 그에게 한 기자가 "대체 당신은 무엇을 증명하려고 한 것입니까?"라고 물었다. 그러자 스토퍼슨은 이렇게 대답했다.

"본래 과학자라는 것이 무엇을 증명하기 위해 존재하는 것이 아닙니다. 단지 어떤 사실을 발견해내려는 것이지요."

그는 자신이 추구하는 일에 매진했을 뿐 그 누구에게 보여주려고 그 일을 한 것이 아니었다. 하지만 그는 오늘날까지 행동하는 과학자로서 존경을 받고 있다.

사람들은 종종 편견에 휘말려 선입감, 질투, 시기심, 공포심, 뒤틀린 마음, 자부심 같은 부정적인 시각을 감추려 하지 않는다. 그들은 오히려 편협된 자신의 사상이나 종교, 식사법, 취향을 고집하고 선전하려 든다. 하지만 그게 무슨 가치가 있는가. 스토퍼슨에게 배워라. 그는 자신을 입증하기 위해 자신을 버렸다.

당신에게 만일 상대의 잘못된 의지를 교정해주고 싶은 선의가 있다면 다음 문장을 주의 깊게 읽고 난 후 시도하도록 하라. 제임스 하베 로빈슨 교수의 명저 《정신의 발달 과정》의 한 구절이다.

"우리는 그다지 심한 저항을 느끼지 않고 자신의 사고방식을 바꾸는 경우가 종종 있다. 그런데 남으로부터 잘못을 지적당하면 화를 내고 고집을 부린다. 우리는 여러 가지 동기에서 여러 가지 신념을 갖게 된다. 그러나 그 누군가가 바꾸려고 하면 우리는 고집스럽게 반대한다. 이 경우 우리가 중시하고 있는 것은 분명히 신념 그 자체는 아니며, 위기에 처한 자존심이다.

'나의'라는 단순한 말이 실은 이 세상에서는 가장 중요한 말이다. 나의 식사, 나의 개, 나의 집, 나의 아버지, 나의 나라, 그 아래 무엇이 이어지든지 '나의'라는 말에는 같은 강도의 의미가 담겨 있다.

우리는 자신의 것이라면 시계든 자동차든, 천문, 지리, 역사, 의학 등의 지식이든, 그것이 욕을 먹게 되면 한결같이 화를 낸다. 우리는 진실이라고 믿어온 것을 언제까지나 믿고 싶다. 그 신념을 흔들어놓는 것이 나타나면 분개한다. 그리고 어떻게든 구실을 만들어놓고 처음의 신념을 물고 늘어지려 한다. 결국 우리의 논의는 대개의 경우 자기의 신념을 고집하기 위한 과정에 지나지 않는 경우가 많다."

· POINT ·

현명한 사람은 인간의 허점을 알고 있기에 남의 잘못을 탓하기보다는 자신의 실수를 줄이려 노력한다.

상대가 실수를 알아차리기 전에
먼저 오류를 시인하라

작가 알버트 하버드는 매우 독창적이고 민감한 글로써 명성을 얻었지만, 반대로 여론의 질타를 받기도 했다. 하지만 그는 사람을 다루는 자신만의 특별한 기술로써 적을 아군으로 만들곤 하였다.

가령 그는 어떤 문제에 대하여 쓴 글이 독자들로부터 비난받게 되면, 이렇게 편지를 써 보내 그들을 달랬다.

"나 자신도 실은 그 문제에 관해서 의문을 품고 있습니다. 때문에 지난번에 제기한 나의 견해가 지금 현재의 견해라고는 절대로 자신하지 못합니다. 어쩌면 귀하의 의견은 오늘의 제 마음을 대변하는 것 같습니다. 언제 한번 만나 진지하게 대화를 나누는 것이 어떨지요."

어떤 바보라도 핑계는 댈 수 있다. 하지만 하버드의 경우처럼 자신의 과실을 인정하는 용기를 발휘하기란 쉽지 않다. 상대를 바른 의견으로 설득하는 기술은 중요하다. 하지만 자신의 생각에 오류가 있음을 깨달았다면 재빨리 그 잘못을 시인하는 것이 낫다. 그로 인하여 당신은 신뢰받는 화자로 인정받을 수 있게 된다.

회사 내에서는 종종 젊은 부하 직원들에게 직설적으로 질책하는 상사들이 있다. 하지만 아무리 그의 말이 옳더라도 당하는 쪽에서는 억울하게 마련이고, 원망감이 생겨난다. 그만큼 충고나 잔소리는 그 원인이나 결과를 차치하고서라도 좋지 않다.

상사는 부하 직원보다 훨씬 많은 실패와 성공의 경험이 있다. 그가 그 직원과 같은 나이의 자신을 돌아본다면 어떠했을까. 그도 역시 젊은 날 많은 실수를 저질렀을 것이다. 당시 그는 상사에게 질책당하면 왜 좋은 말로 타이르면 될 것을 그렇게 윽박지르는가 하면서 입을 비죽거렸을 것이다. 그럼에도 오늘의 그는 부하에게는 쓴맛을 보여주어야 제정신을 차릴 것이라는 강박관념에 빠져 있는 것이다.

경험이란 질책자의 것이 아니라 안내자의 것이다. 겸허한 태도로 자신의 실수담을 들려주면서 상대의 잘못을 충고해준다면 당사자로서는 불쾌하지도 않을 뿐더러 거꾸로 존경심까지 품게 될 것이다. 물은 물대로 흐르게 하라. 채찍에 맞은 말은 당장은 빨리 달릴지 모르지만 주인을 사랑하지는 않는다.

자신의 과실을 인정하는 용기를 발휘하기란 쉽지 않다.

분노하는 사람에게는
매운맛보다 단맛을 보여라

다음은 우드로 윌슨 대통령의 충고이다.

"만약 상대가 주먹을 움켜쥐고 들이닥치면 이쪽도 지지 않고 그렇게 맞선다. 하지만 상대가 '우리 함께 주의합시다. 의견이 다르다면 그 이유나 문제점을 밝혀보는 것이 어떻습니까?'라고 제안한다면 어떤 문제든 서로의 인내와 선의로써 금방 해결할 수 있게 된다."

화가 났을 때 맹렬히 상대를 공격하여 코너로 몰아붙이면 기분이야 잠시 후련하겠지만 그뿐, 실제로는 아무런 결과를 얻어낼 수 없다. 왜냐하면 상대는 이미 돌이킬 수 없는 적이 되어버렸기 때문이다. 상대가 반항과 증오심에 가득 차 있을 때는 아무리 합리적이고 명확한 견해를 내세워도 결코 설득하기 어렵다.

상대와 의견이 안 맞을 때, 권투 시합이 아닌 다음에야 그처럼 일격에 상대를 쓰러뜨리려고 해서는 결코 완전한 승리를 쟁취할 수 없다. 부드럽게 상대를 감싸 안는 태도로, 냉장고에서 갓 나온 아이스크림이 녹아 흐르듯 다정하게 설득하라. 그것이 진정한 승리의 지름길이다. 설득의 명수였던 링컨에게 귀를 기울여보라.

"1갤런의 쓴 국물보다도 한 방울의 벌꿀을 사용하는 것이 더 많은 파리를 잡을 수 있다. 만약 상대를 자신의 의견에 따르게 하고 싶다면 우선 자신의 그의 편이라는 것을 깨닫게 해주어야 한다. 이야말로 사람의 마음을 포착하는 한 방울의 벌꿀이며, 상대의 이성에 호소하는 최선의 방법이다."

• POINT •
부드럽게 상대를 감싸 안는 태도로 다정하게 설득하라.

아무도 패배하지 않는 대화,
YES 논법

"부드러움은 능히 강한 것을 꺾는다."라는 속담이 있다. 구렁이가 멧돼지를 휘감아 사냥하듯 부드럽게 우회하면서 대화의 주도권을 자신의 것으로 만드는 방법이 있다. 이것을 'YES 논법'이라고 한다.

'YES 논법'은 무엇보다도 시작이 중요하다. 자신이 처음에 어떤 질문을 하더라도 상대로부터 'NO'가 아닌 'YES'가 나올 수 있는 말을 하는 것이다. 이것은 반드시 의견이 일치하는 화제로서 자신과 상대의 의도와 목적이 똑같다는 동반 의식을 고조시킨 다음 양자 간의 상이점에 관하여 절충하는 방식을 취하는 방법이다.

교섭이나 타협에서, 상대가 'NO'라고 말한 뒤에 그것을 'YES'로 바꾸기는 몹시 어렵다. 상대는 설령 자신의 'NO'가 틀렸음을 알아도 쉽게 자신의 입장을 바꾸려 하지 않을 것이다. 이럴 때는 상대에게 어떤 명분을 주어야 하는데, 이것은 더 커다란 양보를 의미하게 된다.

'YES'의 논법은 이런 곤란한 상황을 애초부터 제거하면서 앞으로 전진해가는 적극적인 화술이다. 굴러오는 공을 반대 방향으로 차는 것보다는 가던 방향으로 계속 드리블하는 것이 훨씬 쉬운 법이다. 당신은 상대에게 'YES'를 주문함으로써 계속적으로 그의 긍정적인 심리 상태를 유도해낼 수 있다.

한 TV토론프로그램에서 시종일관 극단적인 표현으로 정부를 공격하는 학자가 있었다.

"현 정권은 형편없는 정책을 펼치고 있단 말입니다. 도저히 눈뜨고 봐줄 수가 없어요."

이에 맞선 정부 공직자의 화술 역시 엉터리였다.

"무슨 말씀이세요. 그런 비판은 너무 감정적이지 않습니까. 근거를 대보세요. 근거를……."

당연히 그 토론은 시끄러운 변설에 휘말리게 되었다. 그러자 사회자가 나서서 어지러운 장내를 일순 정리했다. 그는 치열하게 맞서는 두 사람을 달래면서 유연한 스피치로 결론을 맺어버린 것이었다.

"요즘 시행되는 몇몇 정책을 보면 정부가 잘못 추진하고 있다는 느낌이 듭니다. 그런데 정권 초기부터 시행한 교육 정책에 대해서는 어떻게 생각하십니까."

이것은 일반적으로 성공했다고 평하는 정책을 실례로 들어 부정적인 견해를 불식시키는 미끼이다. 과연 상대는 이렇게 대응했다.

"네. 그건 그런대로 되어가고 있는 듯이 보입니다."

"며칠 전 언론에 아동복지정책은 지지부진하지만 조금씩 나아지고 있다는 조사 결과가 나왔더군요. 선생님께서도 이런 점진적인 방법이 급진적인 야당의 방법보다는 낫다고 생각하는 걸로 알고 있습니다."

"물론 그렇지요. 그런 정책의 운용 방법에는 저도 찬성하는 편입니다."

"그렇다면 이 정권이 실패한 정책도 많지만 여러 좋은 정책도 펴고 있다는 것은 선생님께서도 긍정하고 계시다는 걸로 알고 있겠습니다."

"그렇긴 합니다만……."

현명한 사회자는 이런 식으로 두 사람의 부정적인 대립 국면을 아무런 상처 없이 종식시켰다. 이렇듯 아무도 패배하지 않는 대화, 모두에게 자존심을 세워주는 일면이 'YES 논법'에는 담겨 있다.

· POINT ·

'YES 논법'은 자신이 처음에 어떤 질문을 하더라도 상대로부터 'YES'가 나올 수 있는 말을 하는 것이다.

상대에게 하고 싶은 말을 할
기회를 주어라

라 로슈코프는 "적을 만들고 싶으면 친구에게 이기는 것이 좋다. 그러자 우군을 만들고 싶으면 친구가 이기도록 해주어라."라고 말했다. 이것은 세일즈에서도 그대로 적용된다. 아무리 화술이 좋은 세일즈맨이라도 고객의 의심의 시선을 완전히 돌려세우기란 힘든 법이다. 그러므로 자신의 이득과 고객의 이득 중에 어떤 것이 더 큰지를 증명해 보여야만 일류 세일즈맨으로 인정받을 수 있게 된다.

세일즈맨 중에는 질긴 가죽처럼 고객에게 달려드는 사람들이 종종 있다. 이른바 '우는 아기에게 젖이 돌아온다'라는 깜냥이지만 기실 이것은 세일즈의 가장 나쁜 방법 중의 하나임을 알아야 한다. 고객은 풍문이든 광고에 의하든 간에 그 회사나 상품에 대해 어느 정도 알고 있다. 장황한 설명에 끈질긴 세일즈맨의 집착은 실로 짜증나는 일이다. 그런 경우 연설은 은이지만 침묵은 금이다.

거꾸로 고객에게 말할 기회를 주어보라. 잡담이라도 좋다. 고객이 하고 싶은 말을 하게 하라. 대화가 진전되면 내용은 자연히 세일즈맨이 기대하는 상품의 문제로 돌아가게 되어 있다. 여기 예기치 못한 침묵으로 거둔 기이한 성공담이 있다.

직물업자 에드워드 하펜은 포드사에 직물을 판매하기 위해 견본을 제출했다. 당시 그의 회사 사정은 몹시 어려워서 이번 교섭이 반드시 성사되지 않으면 문을 닫아야 하는 위기 상황이었다. 그런데 두 군데의 유수한 업체가 경쟁사로 부각되었다.

얼마 뒤 포드사에서는 공정성을 기하기 위해 세 업체의 대표자들을 불러 자사 제품에 대한 브리핑을 들은 후 최종 결정하겠다는 통보를 보내왔다. 하펜은 가슴을 졸이면서 브리핑 자료를 열심히 준비했다.

곧 운명의 날이 왔다. 포드사의 회의실에 들어서니 여러 부문의 전문가들이 심사를 위해 기다리고 있었다. 시간이 되자 경쟁업체의 대표들은 유창한 설명으로 포드사의 중역들에게 자사 제품의 우수성을 설명했다. 드디어 하펜의 차례가 왔다. 그런데 공교롭게도 그는 며칠 전부터 후두염에 걸려 말을 제대로 할 수가 없었다. 절망적인 심정에 빠진 그는 종이에 이렇게 써서 보여주었다.

"저는 지금 목을 앓고 있어서 말을 할 수가 없습니다. 브리핑을 포기할 수밖에 없겠습니다."

그러자 중역 중의 한 사람이 자리에서 일어나더니 이렇게 말했다.

"여기까지 와서 브리핑을 하지 못한다는 것은 말도 되지 않습니다. 자료는 준비되어 있습니까?"

하펜은 한숨을 내쉬며 자료와 견본품을 보여주었다. 그러자 일면식도 없던 그 중역이 이렇게 물었다.

"사정이 그렇다면 제가 대신 자료를 여러분께 설명해드리면 어떻겠습니까?"

하펜은 지푸라기라도 잡는 심정으로 고개를 끄덕였다. 그러자 중역은 하펜이 가져온 견본을 펼쳐 보이며 다른 제품들과의 차별성, 직물의 우수성 등을 준비된 자료에 따라 차근차근 설명하였다. 이어 각 부문의 책임자들이 의견을 개진하자, 하펜의 대역이 되어버린 중역은 열정적으로 제품의 우수성을 설명하는 것이었다.

그 자리에서 하펜이 한 일이라곤 그의 말에 미소 짓거나 머리를 끄덕이는 정도였다. 하지만 그 결과는 놀라웠다. 그는 포드사에 50만 야드, 금액으로 160만 달러어치의 계약을 체결할 수 있었던 것이다. 만일 그가 후두염을 앓지 않고 제품을 팔기 위해 열변을 펼쳤다면 결코 그런 대성공을 거두지는 못했을 것이다. 기실 그의 직물은 다른 회사의 것과 대동소이했다. 하지만 상품을 구입할 사람이 말을 하게 함으로써 그 제품의 우수성은 보다 설득력을 지니게 되었던 것이다.

잡담이라도 좋다. 고객이 하고 싶은 말을 하게 하라.

결론은 상대가
내리게 하라

    사람들은 자주적으로 행동하고, 자신의 의견이 존중받기를 원한다. 만일 타인으로부터 강요당하거나, 명령받고 있다는 느낌이 들면 몹시 기분 나빠한다. 그러므로 대화할 때 남에게 의견을 강요하는 것보다는 다양한 힌트를 주어 자신이 원하는 결론을 상대가 내리도록 유도하는 방법이 매우 효과적이다. 그러면 상대는 자신의 역할에 고무될 뿐만 아니라 강력한 추진력을 얻게 된다. 결론을 자신이 내렸기 때문에 그만큼 책임감이 생겼음은 두말할 필요가 없는 것이다.

    롱아일랜드의 중고차 세일즈맨 피터는 이 방법을 동원하여 까다로운 고객 한 사람을 설득할 수 있었다. 어느 날 피터는 차를 구경하러 온 손님에게 원하는 대로 여러 종류의 차를 보여주었다. 그런데 손님은 차의 빛깔이 좋지 않다, 쿠션이 딱딱하다, 값이 너무 비싸다며 계속 트집을 잡기에 바빴다. 피터는 은근히 짜증이 났지만 서두르지 않았다.

며칠 뒤 어떤 사람이 내놓은 중고차를 살펴보니 그 손님이 원하는 타입과 일치했다. 하지만 또 어떤 트집을 잡힐지 모르는 일이었다. 다음 날 피터는 그 사람에게 전화를 걸어 도움을 청할 일이 있으니 한번 매장으로 나와주십사 부탁했다. 그러고는 예의 중고차를 보여주면서 물었다.

"이 차의 주인이 터무니없이 높은 가격으로 위탁판매를 요청해서 난감해졌습니다. 선생님께서는 차를 보는 안목이 뛰어나니 한번 몰아보시고 적정한 가격을 가르쳐 주십시오. 그래야 저도 그분에게 할 말이 있을 것 같습니다. 제발 부탁드립니다."

이렇듯 피터로부터 베스트 드라이버 대접을 받은 손님은 몹시 신이 난 표정으로 차 열쇠를 건네받았다. 잠시 후 차를 타고 시내를 한 바퀴 돌고 온 그는 자신만만한 표정으로 이렇게 말하는 것이었다.

"차의 성능이 꽤 좋군요. 500달러가 적정할 것 같습니다."
"그렇다면 차주더러 500달러에 내놓으라고 해야 되겠군요. 그런데 선생님께서는 혹시 이 차를 사실 의향은 없으십니까?"

피터가 이렇게 묻자 흥정은 즉시 이루어졌다. 까다로운 고객을 제압하는 방법, 그것은 당사자로 하여금 결론 짓게 하는 것이다.

· POINT ·

사람들은 자주적으로 행동하고, 자신의 의견이 존중받기를 원한다.

이해할 수 없다면
연민의 심정을 가져보라

우리가 뱀이 아닌 이유는 부모가 뱀이 아니었기 때문이다. 우리가 소에게 키스하지 않는 것은 힌두교도가 아니기 때문이다. 만약 우리가 아돌프 히틀러나 알 카포네와 같은 정신과 육체를 가지고 태어나 그들이 겪은 환경에서 자랐다면 분명 그들과 똑같은 인간이 되었을 것이다.

아무리 이해할 수 없는 성정을 가진 사람이라 할지라도 그들에게는 그렇게 될 만한 충분한 배경과 이유가 있다. 우리가 술주정뱅이나 폭력배가 되지 않은 것은 신의 은총이 아니라 오래된 생활 방식과 삶의 속성 때문임을 깨달아야 한다. 이 점을 이해하지 못한다면 우리는 결코 악한들의 속마음을 꿰뚫어볼 수 없다.

우리는 모두 타인으로부터 좋은 평가를 받기를 원한다. 타인의 고소와 질타를 받으며 살기를 원하는 사람은 세상에 하나도 없을 것이다. 히틀러나 카포네도 마찬가지였다. 어쨌든 우리는 그런 종류의 인간들에게도 연민의 감정을 가지지 않으면 안 된다. 그것은 거지에게 던져주는 동전 하나의 값어치가 아니라 자신과 인류에게 바치는 사랑임을 알라.

사람은 자신의 연약한 면을 드러내 동정을 사려는 경향이 있다. 그 때문에 어떤 아이들은 상처를 내보이고 싶어 하고, 간혹 일부러 상처를 만드는 일도 있다. 어른도 예외는 아니다. 한때 입었던 상처나 재난의 경험은 그의 훈장이 된다. 특히 위암 수술과 같이 생명의 위기와 관련된 일은 최고의 화제가 된다. 불행한 자신에게 자기 연민을 느끼고 싶어 하는 마음은 정도의 차이는 있겠지만 인간 공통의 것임에 분명하다.

미국 음악계의 일급 매니저였던 S.휴럭은 성미가 까다로운 예술가들을 다루는 데 정평이 나 있었다. 그가 가수 샬리아핀의 매니저 일을 하고 있을 때의 일이다. 어느 날 샬리아핀이 갑자기 예정된 출연을 거부하는 사태가 벌어졌다. 감기 때문에 목이 아파 소리가 잘 나오지 않는다는 것이었다. 기실 샬리아핀은 그런 구실로 스케줄을 펑크내기 일쑤였다. 이때 그에게 달려간 휴럭은 그를 설득하기보다는 동정 어린 표정으로 이렇게 말했다.

"정말 좋지 않아 보이는군요. 오늘 공연은 취소하도록 하지요. 억지로 노래해서 비난을 받는 것보다는 계약금 2,000달러를 깨끗이 포기하는 편이 낫겠습니다."

휴럭은 샬리아핀의 투정이 금전적으로 어떤 손해를 끼칠 것인지를 적시하면도, 그의 입장을 가엾게 여기는 듯 위로의 말을 한 것이다. 그러자 샬리아핀은 한숨을 내쉬면서 잠시 시간을 달라고 요청하였다. 그는 자신의 괴팍한 성격과 실속, 매니저의 속 깊은 위로 안에 담겨 있는 염려를 저울질한 것이었다. 결국 휴럭은 무대 개장 직전에 샬리아핀의 출연 승낙을 받을 수 있었다. 물론 이런 변명의 말과 함께…….

"좀 쉬니까 목이 나아졌어요. 몇 곡 정도는 부를 수 있을 것 같아요."

• POINT •

아무리 이해할 수 없는 성정을 가진 사람이라 할지라도 그들에게는 그렇게 될 만한 충분한 배경과 이유가 있다.

190

아름다운 이유로 승낙하도록
선의에 호소하라

〈새터데이 이브닝 포스트〉지의 창설자인 사일러스 H.K.커티스는 사업 초창기 다른 잡지사와 같은 수준의 원고료를 지불할 능력이 없었다. 특히 독자들의 시선을 집중시킬 만한 일류작가의 글을 받기에는 역부족이었다.

그는 곰곰이 궁리한 끝에 100달러짜리 수표를 당시 인기 작가인 올코트 여사가 지지를 표한 바 있는 자선단체에 기부하였다. 그 효과는 금방 나타났다. 얼마 지나지 않아 올코트 여사로부터 소원하던 원고가 들어온 것이었다. 이후 그는 이런 방법으로 여러 작가들과 인연을 맺고 자신의 잡지의 수준과 회사의 체제를 궤도에 올릴 수 있었다.

물론 이와 같은 방법은 까다로운 사람에게는 통용되지 않을 수도 있다. 하지만 통하지 않으면 그뿐, 후회할 필요가 없는 선행을 했다고 치면 되는 것이다.

상대방의 신뢰도가 분명치 않을 때는 일단 그를 훌륭한 신사로 간주하고 거래를 진행시키면 틀림없이 성공한다. 인간은 누구나 정직하게 살고 싶어 한다. 여기에 예외란 드물다. 상대를 잘 속이는 인간이라도 누군가에게는 진심으로 신뢰를 받고 정직하며 공정한 인물로 취급받고 싶다. 악당에게도 정직한 친구가 있고 그를 위해 눈물 짓는 어머니가 있음을 생각하면 된다.

협상에서 의견이 일치하든 결렬되든 상대에게 아름다운 이유를 꾸밀 수 있는 기회를 주는 것은 매우 중요하다. 그렇게 되면 당사자들 간에 다음에는 반드시 손을 마주 쥘 것이라는 암묵적인 협약이 이루어지게 된다.

우리가 당장 눈앞에 놓인 치즈를 쟁취할 것이냐, 아니면 현재 물러섬으로써 훗날 몇 배의 치즈로 보상받을 수 있는가는 한순간의 선택에 달려 있다고 해도 과언이 아니다.

"인간의 행위에는 두 가지 이유가 있다. 하나는 그럴듯하게 윤색된 이유, 그리고 또 하나는 진실한 이유이다."라는 J.P.모건의 말처럼, 대화에서 상대편이 자신을 미화시킬 수 있는 여지를 남겨놓으라.

그럴듯한 이유는 반드시 그럴듯한 상황을 요구한다. 하지만 그것은 당사자에게는 빚이 된다. 그는 훗날 그 빚을 갚아야만 하는 것이다. 곧 당신이 비워준 공간은 미래의 공간, 상상의 공간, 언젠가 이루어지는 성공의 공간이다. 현재의 배가 부른 만족감과 언젠가 배가 부를 것이라는 희망은 격이 다르다. 이는 현재를 사는 사람과 미래를 사는 사람과의 차이일 것이다.

· POINT ·

대화에서 상대편이 자신을 미화시킬 수 있는 여지를 남겨놓으라.

설득에 이기는
분위기를 연출하라

    월남전이 막바지에 이르렀을 때 미국의 국무장관 헨리 키신저는 파리에서 북베트남의 요원과 마주 앉았다. 그것은 종전을 위한 중대한 협상의 자리였다. 적대국의 대표인 두 사람은 싸늘한 분위기 아래 서로의 시선을 교환했다. 이제 어떻게 자국에 유리한 내용을 이끌어내는가가 승부의 관건이었다.

    그런데 갑자기 키신저의 시선이 엉뚱한 곳을 향한 채 한참을 머물렀다. 상대는 무심코 그의 시선을 쫓아갔다. 그 순간 그의 심리적인 장벽은 무방비 상태가 되어버렸다. 이때 키신저가 상대에게 시선을 홱 돌리며 입을 열었다.

"자, 우리는 이제 베트남에서 철수할 것입니다. 선생께서는 우리가 얼마나 더 머물기를 원하십니까?"

"……."

갑작스런 질문에 상대편은 할 말을 잃었다. 적반하장 격이었지만 키신저의 태도는 너무나 당당했다. 허를 찔린 그는 주도권을 빼앗기고 회담 내내 키신저에게 끌려 다니고 말았다. 이것은 국제외교전문가인 헨리 키신저의 노련한 무드 연출 실력의 결과였다.

현대는 연출의 시대이다. 세상은 나의 무대요, 인생은 연기의 시대가 된 것이다. 어떻게 사람들에게 자신을 표현하여 드러낼 것인가가 생존 경쟁의 한 수단이 되고 있다. 이제 연출은 미디어나 예술의 영역을 벗어나 정치, 외교, 스포츠를 비롯하여 사회 활동이나 인간관계의 민감한 영역에까지 확대되었다.

우리가 드라마나 거리의 이벤트에서 마음의 동요를 일으키는 것은 알게 모르게 연출의 힘에 지배를 받기 때문이다. 거리에 있는 간판이나 쇼윈도의 장식품 등은 모두가 우리를 목표로 연출되어 있다. 때문에 우리는 그것을 스쳐 지나가는 것이 아니라 뇌리에 새겨놓은 뒤 필요할 때 출력시켜 자료화하게 된다. 때문에 맛있는 집, 멋있는 집, 분위기 있는 집을 고를 수 있게 되는 것이다.

인간관계나 세일즈에서도 이런 연출은 대단한 힘을 발휘한다. 고즈넉한 샛길이나 석양이 어우러진 해변에서 사랑을 고백한다거나,

온갖 첨단 제품들을 전시해놓고 구매자를 설득하여 성공을 거두는 경우가 얼마나 많은가.

물론 이런 성공적인 연출의 과정은 간단치 않다. 때와 장소에 어울리는 상황을 만들어내야 함은 물론, 고객의 성격이나 취향에 대한 정보가 있어야 하는 것이다. 우리의 언어도 마찬가지다. 상대와 목적에 알맞은 연출이야말로 화술을 뒷받침해주는 중요한 무기이다. 예를 들면 상대방이 남부 사투리를 싫어한다거나, 어떤 정당의 소속원일 경우 말투나 주제에 대해서 조심하지 않으면 안 되는 것이다.

• POINT •

연출은 미디어나 예술의 영역을 벗어나 정치, 외교, 스포츠를 비롯하여 사회 활동이나 인간관계의 민감한 영역에까지 확대되었다.

상대를 칭찬하고
기대감을 보여라

"상대의 장점을 찾아서 경의를 표하거나 칭찬을 하면, 대개 상대
는 이쪽이 생각하는 대로 움직여준다."

사뮤엘 버크젠의 말처럼 상대의 장점을 들추어 칭찬해주어라. 그
러면 그는 당신의 기대를 배신하지 않도록 최선을 다할 것이다. 반대
로 누군가에게 바보라든가 무능하다든가 재능이 없다고 힐난해서는
안 된다. 그것은 향상심의 싹을 잘라버리는 폭거에 다름 아니다.

사람은 누군가 자신의 능력을 믿고 있다는 것을 알게 되면 좀더
노력하게 마련이다. 그렇게 상대에게 자신감을 부여하고 용기와 신
념을 불어넣으라. 그러면 상대는 자진해서 당신에게 협력할 것이다.

프랑스의 나폴레옹 1세는 자신이 제정한 레종 도뇌르 훈장을 1,500개나 수여하고, 18명의 대장에게 대원수의 칭호를 주었으며, 자신의 군대를 '대육군'이라고 명명하였다. 이에 주변 사람들은 전쟁을 장난처럼 치른다고 비난하자 그는 코웃음을 치며 이렇게 대답했다고 한다.

"인간은 완구의 지배를 받는다."

헨리 클레 리스너는 프랑스에 주둔하고 있는 미군들의 품행을 교정하기 위해 이 방법을 썼다. 그는 명장인 제임스 G.헐버트 대장이 언젠가 2백만의 프랑스 주둔 미군들이 청렴결백하고 이상적인 군인이라고 말한 것을 기억했다. 이는 지나친 과신이었지만 리스너는 그 말을 이용했다. 그는 헐버트 대장의 말을 병사들에게 주지시켰다. 이에 병사들은 코웃음을 쳤지만 은연중에 스스로 자랑스러운 미군이라는 의식이 몸에 배게 되었다. 그리하여 프랑스 내에서 미군에 의해 저질러진 수많은 사건이 반 이상 줄게 되었던 것이다.

누구든지 좋은 평판을 얻게 되면 그것을 유지하기 위해 자신을 단속하는 법이다. 악당에게 신사 대접을 해주면 신사 흉내를 낸다.

• POINT •
사람은 누군가 자신의 능력을 믿고 있다는 것을 알게 되면 좀더 노력하게 마련이다.

성공의 대화 기술,
날마다 새롭게 갈고닦아라

여러 대화의 기술을 체득하면 유연하게 말할 수 있게 된다. 그런데 유연하게 말하는 능력은 꾸준히 개선해나갈 수 있다. 아무리 말을 잘하는 사람도 그 주제나 내용이 천편일률적이라면 종래에는 폐품 취급을 당하고 만다. 새로운 주제와 소재를 개발하고 시대 상황에 맞게 빛깔을 달리하려는 노력이 수반되어야 한다.

우리 주변에는 종종 좋은 원고만 있으면 좋은 연설이 되리라고 믿는 사람들이 있다. 하지만 이는 커다란 착각이다. 쓰는 능력과 말하는 능력은 천지차이라는 말이다.

과거 미국 하원에서 동료 의원들에게 '저녁 식사를 알리는 종소리'란 별명으로 조소를 받았던 에드먼드 버그 씨는 매우 훌륭한 연설문 집필자였다. 그의 연설문은 논리적으로나 문법적으로 완벽에 가까워서 아직도 미국의 여러 대학에서 웅변술의 고전으로 연구되고 있을 정도다.

하지만 그는 자신의 완벽한 원고를 소화해낼 만한 힘이 없었다. 때문에 그의 연설은 언제나 그 내용에 담긴 진실에도 불구하고 청중의 주목을 받지 못했다. 만일 그가 원고를 작성하는 정성만큼 말하는 데도 정성을 기울였다면 좀더 많은 사람에게 훌륭한 이야기를 전해줄 수 있었으리라.

에드먼드 버그 씨의 이야기는 아무리 좋은 연설문이라도 그 내용에 알맞은 표현 능력이 없이는 아무런 효과를 거둘 수 없다는 참담한 실례이다.

유능한 화자는 장소와 화제에 따라 연극배우처럼 변신한다. 슬픈 내용에는 우울한 표정을 짓고, 즐거운 내용에서는 드럼과 같이 경쾌한 소리를 낸다. 그는 이미 자신의 말에 도취되어 있기 때문이다. 하지만 이런 사람도 종종 습관의 덫에 걸리기 쉽다. 즉 말을 많이 하다 보면 틀에 박힌 소리를 하기 쉽다는 말이다.

그것은 향기가 새어 나가버린 차와 같아서 무미건조하다. 물론 처음에는 매우 신선했으리라. 하지만 몇 번 우려먹으면 고리타분해져서 청중은 금세 고개를 돌린다. 어설픈 비유나 단조로운 말투, 거친 표현에서 탈출하라. 자연스럽게, 몸에 밴 생각을 새로운 실례와 감각으로 표현하도록 노력하라. 노력 없이는 새로움도 없다.

아무리 말을 잘하는 사람도 그 주제나 내용이 천편일률적이라면 종래에는
폐품 취급을 당하고 만다.

8장

아무렇지
않은 척하면
정말 아무렇지
않다

다른 사람 앞에서
떨지 않고 말하고 싶다면

자신의 의견을 수많은 사람 앞에서 말하기란 쉬운 일이 아니다. 아무리 특별한 훈련을 거친 사람이라 할지라도 마찬가지다. 더군다나 청중을 설득해야 할 필요가 있을 때는 어떠하겠는가. 지금 당신은 그런 생각만 해도 맥박이 거칠어지고 얼굴이 붉어질지도 모른다. 그러나 안심하라. 그런 신체적 반응은 누구나 거치는 통과의례일 뿐이다.

우리가 상처를 입으면 비명을 지르는 것처럼 우리의 의식 또한 외부에 대한 민감성을 표현한다. 이런 경우 사람의 정신은 보다 민활해지거나 마비되는 것으로 크게 두 가지 증상이 나타난다. 하지만 많은 사람 앞에 섰다고 해서 기절하는 사람은 없을 것이고 당신도 마찬가지다.

당신의 머릿속에서는 그 순간 수많은 정보가 들썩이게 된다. 만 감이 교차한다는 말은 바로 그런 현상에 쓰는 표현이다. 결론적으로 말한다면 닫혀 있는 것은 당신의 입일 뿐이다. 그 입을 열면 문제는 해결되는 것이다.

아무리 말을 잘하는 사람이라도 대중 앞에 서면 떨리기는 마찬가 지다. 냉정한 연사란 없다. 그러므로 진정한 연사는 떨리는 가슴으 로 청중에게 자신의 의견을 말하는 사람이다. 대부분의 사람은 다짐 에 다짐을 하고 나서도 스피치가 불안하기 일쑤이다. 하지만 이는 자신감이나 성격 탓이 아니라 분위기에 익숙하지 못한 까닭이다. 어 떤 분야에서나 초심자들은 떨지 않는가.

연설은 운전 연습이라고 생각하라. 초기에 고속도로란 말만 들어 도 뛰던 가슴이 어느새 속도를 내고 싶어 안달할 지경이 되는 드라 이버들을 당신을 잘 알고 있지 않은가. 운전을 잘하기 위해서는 인 적이 드문 조용한 길에서 조심스럽게 연습하듯, 연설도 그렇게 하면 된다.

익숙해지는 것은 시간문제다. 처음에는 가족들 앞에서, 그다음에 는 친구들, 그리고 동료들 앞에서 말을 하라. 그런 적응 과정을 거치 다 보면 당신은 수십만 명 앞에서 한 시간 동안 말하는 것도 시간이 짧다고 투덜거릴지도 모른다.

사람들은 이미 당신의 말에 귀를 기울일 준비가 되어 있다. 그렇다면 당신도 그들을 존중해주어야 한다. 그 주의 심리가 바로 당신이 받아들여야 할 공포의 진정한 의미이다.

· POINT ·

사람들은 이미 당신의 말에 귀를 기울일 준비가 되어 있다.

원고에
속박되지 마라

　연설자 중에는 순간적인 재치로 모든 것을 해결하려는 사람이 종종 있다. 하지만 아무런 준비 없이 내뱉는 한마디는 청중에게 아무런 감동도 주지 못한다. 그들의 정체는 금방 탄로 나게 마련이다. 연설에는 지위고하의 차이가 없다. 아무리 자신만만한 사람이라도 주제에 대한 연구와 청중에 대한 존중 없이는 헛된 시간만을 보낼 뿐이다. 사전 편찬자이며 명연설가로 알려진 다니엘 웹스터는 이렇게 단언하고 있다.

　"완벽한 준비 없이 청중 앞에 선다는 것은 반라로 연단에 서는 것과 같다."

여기에서 완벽한 준비라는 것은 연설문을 암기한다든지, 말이 막혔을 때 참고하기 위한 메모를 하라는 의미는 아니다. 청중에게 전달하고자 하는 자신의 뜻을 명확하게 표현하려는 마음가짐을 의미한다.

무턱대고 연설문을 암기한 다음 연단에 올랐다가 낭패를 본 사람은 한둘이 아니다. 윈스턴 처칠과 같은 대정치가도 예외는 아니어서, 그 역시 연설 도중 암기한 내용을 잊고는 한참 동안 쩔쩔매다가 단상에서 내려온 적도 있었다.

그렇다면 연설은 어떻게 준비해야 할까. 연설 준비란 자신이 청중에게 하고자 하는 본론을 명확히 하고, 그 부수적 재료로서 자신의 경험과 사상, 아이디어, 신념 등으로 매끄럽게 가다듬는 일련의 작업이다. 이렇게 해서 이루어지는 자연스러운 연설은 실로 자연스러운 스토리를 만들어내게 된다.

기계적인 암기는 한번 말문이 막히면 탈출할 방법이 없다. 만일 그가 코미디언이라면 엉뚱한 쇼를 보여주어 실수를 만회할 수 있겠지만 말이다. 그래서 링컨은 그런 사람들을 향하여 다음과 같이 소리치고 있다.

"나는 틀에 박힌 설교를 듣고 싶지 않다. 차라리 거칠더라도 벌떼와 싸우는 것같이 흥분한 연설자의 말을 듣고 싶다."

원고에 속박된 연설은 조롱에 갇힌 카나리아의 지저귐과 다름이
없다. 진정한 새의 지저귐은 깊은 숲 맑은 공기를 타고 울려오는 것
이다.

• POINT •

완전한 연설 준비란 청중에게 전달하고자 하는 자신의 뜻을 명확하게 표현
하려는 마음가짐이다.

아무렇지 않은 척하면
정말 아무렇지 않다

당신은 사람들에게 무슨 말을 하고 싶은가. 화제가 확정되었다고 해서 말을 잘할 수 있다면 대화의 기술을 배울 필요가 없을 것이다. 중요한 것은 자신의 신념을 얼마나 자신 있게 내보일 수 있느냐이다.

우선 부정적인 상상을 삼가고 자신을 격려하라. '내 말이 청중에게 얼마나 흥미를 불어넣을 수 있을까' 따위의 소극적인 마음가짐은 분위기를 가라앉힐 위험이 있다. 단상에 홀로 선 당신은 유일무이한 그 자리의 주인공이다. 자신이 들려주는 한 마디, 한 마디는 새로운 이야기임을 확신하라. 그 내용이 청중에게 아무런 도움이 되지 못할 것이라는 생각은 아예 해서는 안 된다. 이 말은 곧 자신에 대하여 믿으라는 뜻이다.

단상에 오르면 크게 심호흡을 내쉰 다음 청중을 정면으로 응시하며 마치 받을 돈이 있는 빚쟁이처럼 말을 시작하라. 그들은 지금 당신에게 부채를 유예받기 위해 모여 있다. 그러므로 당신의 입에서 나오는 말은 그들에게 있어 생명줄과도 같다고 여겨라. 그런 우월감이 당신의 태도를 더 당당하게 해줄 것이다.

여기 단상에 오르기 전 공포에 떠는 이에게 건네는, 심리학자 윌리엄 제임스 교수의 조언을 들어보라.

"행동은 감정을 따르는 것처럼 보이지만 실제로는 평행선상을 걷고 있다. 감정은 행동만큼 직접적으로 의지의 지배를 받지 않지만 우리의 행동을 간접적으로 규제할 수 있다.

당신이 쾌활함을 잃었을 경우, 그것을 되찾는 최선의 길은 힘차게 일어서서 발랄한 태도로 연설을 하는 것이다. 그래도 쾌활해지지 않는다면 그 밖의 어떤 일도 해낼 수 없게 된다. 용맹해지려면 용맹스러운 태도를 취하라. 그러기 위해서는 의지력을 최대한 발휘해야 한다. 용기가 공포의 발작을 지워줄 것이다."

애써 태연함을 가장하는 것은 실제로 가슴을 진정시켜준다. 또 그럼으로써 대상들도 태연하게 그것을 받아들일 수 있는 분위기가 연출된다. 연설은 화자와 청자의 보이지 않는 교감으로 이루어지는

것이다. 당신은 누구보다도 안정된 사람이다. 그렇게 믿고 연단으로
올라가라.

• POINT •

감정은 행동만큼 직접적으로 의지의 지배를 받지 않지만 우리의 행동을 간
접적으로 규제할 수 있다.

남 이야기 말고
나의 이야기를 하라

　연설에서 공공연한 관심사를 화제로 올리는 일은 매우 위험하다. 당신이 만일 평범한 환경문제를 거론한다면 아무리 지식이 해박하다 해도 청중을 설득시키는 데 한계가 드러날 것이다. 어쩌면 청중은 당신의 말을 듣느니 신문의 환경면을 들여다보는 편이 낫다고 여길는지도 모른다.

　청중이 왜 그 자리에 앉아 있는지에 주목하라. 그들은 정보를 듣기 위해 귀를 기울이는 것이 아니라 바로 '당신'의 의견을 듣기 위해 모인 것이다. 이런 그들의 보이지 않는 소망을 이루어주어라. 만일 당신이 자신의 이야기가 아니라 모박사가 쓴 모논문을 인용하여 장황하게 논리를 펼친다면 10분도 되지 않아 청중은 딴청을 부리거나 졸게 될 것이다.

그럼에도 많은 연사가 졸고 있는 청중 앞에서 위대한 자신을 과시하려고 애쓰고 있다. 그리하여 정해진 시간이 끝나면 그는 자신이 무슨 말을 했는지조차 모르게 되고, 청중은 하품을 내쉬며 자리를 빠져나가고 마는 것이다.

현실적이고 유쾌한 화제를 찾아내라. 휴지를 주워 팔다가 만난 은인 이야기, 낚시터에서 깨진 병에 발을 다쳐 구급차에 실려 갔던 이야기, 그때 발견한 간호사의 해맑은 미소를 이야기하라. 그러면 청중은 당신의 말에 집중하고 감동받을 것이다. 그것은 곧 당신의 이야기이므로 말하기도 편안하다. 교훈이란 백과사전에 나오는 것이 아니라 별것 아닌 듯싶은 작은 경험 속에 들어 있다. 화술의 초보 단계에서 가장 적절한 화제란 다음과 같은 것이다.

첫째, 유년 시절의 사례이다. 때 묻지 않은 유년기의 실수담이라든가 고난 극복의 이야기들은 자신의 추억과 뒤엉켜 커다란 흥미를 자아내기 때문이다.

둘째, 젊은 시절의 일화이다. 고뇌와 열정으로 아로새겨진 젊은 날의 일화는 마치 한편의 영화처럼 청자들의 뇌리에 각인될 것이다.

셋째, 취미라든가 여가에 대하여 말하라. 프로야구 관전기라든가 권투 시합 등을 통해 열광하는 인간들의 매력과 화제를 연결시키면, 좋은 반응을 얻을 수 있다.

넷째, 당신이 종사하는 직업의 특수한 경험이다. 그것은 누구나 쉽게 경험하지 못한 일이기 때문에 그 안에서의 예화는 청중의 이목을 집중시킬 수 있다.

다섯째, 현재 당신의 신념이나 신조 그리고 당신이 제기한 화제에 대한 정당성을 토로하라.

청중은 일반론을 듣고 싶어 하지 않는다. 살아있는 당신의 경험과 확신을 듣고 싶어하는 것이다. 그리하여 그들의 진정한 반응에 접할 때 당신은 용기를 얻고 빙산의 아래쪽에 숨어 있던 자신의 또다른 세계를 말할 수 있게 되는 것이다.

· POINT ·

교훈이란 백과사전에 나오는 것이 아니라 별것 아닌 듯싶은 작은 경험 속에 들어 있다.

대화 주제가 궁하면
내가 좋아하는 것을 이야기하라

지금 당신에게 제일 적합한 이야깃거리는 무엇인가. 그것은 한마디로 당신이 가장 흥미를 가지고 있는 분야이다. 자신이 싫어하거나 불쾌해하는 부분을 이야기하는 것은 실로 어려운 일이다. 화재로 목숨을 잃을 뻔한 사람이 불의 유익함에 대해 논하는 것이나 교통사고를 당해 장애를 입은 사람이 과속의 위험에 대해 이야기하는 것은 감동을 자아낼 수는 있겠지만, 일면 거북하고 고통스러운 일이 될 수도 있다.

되도록이면 자신이 좋아하는 내용을 화제로 올리는 것이 좋다. 잊어버리고 싶은 기억, 내키지 않는 일화 등은 아무리 유용해도 건드리지 않는 것이 좋다. 그러므로 이야기에 앞서 화제가 자신에게는 물론 듣는 사람에게 얼마나 편안한가를 검토하는 준비가 필요하다.

"나에게는 이야깃거리가 없습니다."

종종 힘없이 이렇게 말하는 사람들이 있다. 하지만 나는 그들에게 묻고 싶다.

"그렇다면 당신은 여가에 주로 무슨 일을 합니까?"

뭔가를 하고 있다면 뭔가를 말할 수 있다. 당신이 영화를 보거나 책을 읽거나 넷플릭스를 보거나 배드민턴을 친다거나…… 그렇게 하찮아 보이는 일도 훌륭한 화제가 될 수 있다.

내가 아는 어떤 사람은 어렸을 때부터 모은 치즈의 상표만 가지고도 몇 시간이고 쉬지 않고 이야기하곤 했다. 누구에게나 열중하고 싶은 자신만의 세계가 있다. 그것에 대해서 말을 시작하라. 경험과 궁금증을 부담 없이 털어놓아보자. 그것만으로도 충분히 이야기가 된다.

좋은 연설은 '연설자, 이야기 자체, 청중'의 삼박자가 잘 어우러져야 한다. 청중은 연설자의 이야기가 진실된 내용인지 유익한 내용인지를 금세 감지한다. 그러므로 뛰어난 연설가들은 듣는 사람들로 하여금 자신의 경험과 의지를 함께 즐기도록 유도한다. 그들은 자신의 열의를 청중과 함께 호흡할 줄 안다. 여기에는 아무런 규칙이나 기교가 없다. 웅변술이란 애초부터 없는 것이다. 성실과 열의, 그뿐이다. 그 뒤에는 연설 그 자체가 알아서 할 것이다.

• POINT •
좋은 연설은 '연설자, 이야기 자체, 청중'의 삼박자가 잘 어우러져야 한다.

뜻한 바를
전부 말하려 들지 마라

    실전에서 수많은 청중의 시선을 한군데로 모으기 위해서는 화제에 대한 각별한 준비가 있어야 한다. 연설의 일정이 잡히면 자나 깨나 그 생각만을 하라. 그리하여 자신이 말하려는 내용을 완전히 정복하라.

    이에 대하여 노먼 토머스는 다음과 같이 충고하고 있다.

    "마음속으로 테마나 논점에 대해 되풀이하여 검토하고 그것과 더불어 생활하라. 거리를 걷거나 신문을 읽을 때, 잠자리에 들기 전, 아침에 일어났을 때도 당신의 이야기에 필요한 실천 방식 등이 잇따라 떠오른다는 사실에 당신은 놀랄 것이다. 감동을 주지 않는 이야기는

가도 불가도 아닌 진부한 사고방식의 필연적인 귀결이다. 자기가 선택한 테마를 완전히 소화하지 못한 결과인 것이다."

연단에 올라선 당신은 아무리 준비가 잘되어 있다 할지라도 결코 욕심을 부려서는 안 된다. 우선 주제를 좁게 가져가야 한다. 내가 아는 한 청년은 '기원전 50년의 아테네에서 한국전쟁까지'라는 주제로 20분 동안 연설을 하려 했다가 실패하고 말았다. 그는 아테네란 나라를 채 설명도 못하고 자리에서 물러났던 것이다.

단조로운 사실의 나열 또한 청중을 지겹게 만든다. 짧은 포인트를 잡고, 단문으로 이야기하는 버릇을 길러라. 5분에 한 가지 요점을 설명하라. 한 시간이 주어졌다면 서너 개로 족하다. 요점은 적을수록 청중의 뇌리에 남는다는 점을 명심하라.

연단에 설 때는 한 가지 주제에 백 가지 생각을 모으되 그중 90퍼센트는 버려야 한다. 하고 싶은 말이 있다면 나머지는 그것을 위한 주변 내용에 불과함을 알아야 한다. 그러므로 한두 개의 예화를 준비한 다음 그것이 지향하는 주제로 모으는 방법을 쓰는 것이 좋다. 그것은 한 가지 실험을 성공하기 위해서 수천 번의 실패를 하는 것과 마찬가지다.

언제나 자신의 테마에 집중하고 있다면 그에 관련된 아이디어가 샘솟는다. 그런 아이디어 중에는 쓰레기도 많지만 알곡도 있게 마련이다. 그것을 지속적으로 마음에 새기며 어떤 순간에 그 무기를 쓸 것인가를 궁리하라. 짧은 한마디나 조크일망정 당신의 견해를 어필하는 데는 커다란 효과를 거둘 수 있는 것이다.

연단에 설 때는 한 가지 주제에 백 가지 생각을 모으되 그중 90퍼센트는 버려야 한다.

듣는 사람은
능구렁이 화법을 싫어한다

〈리더스 다이제스트〉지 같은 베스트 잡지에 실려 있는 기사는 대부분 이야기식의 문체로 쓰여 있다. 그 안에 담겨 있는 수많은 일화는 화술에 응용해도 충분히 효과가 있는 내용들이다. 사실이 뒷받침된 일화는 청중에게 흥미를 느끼게 하고 바로 옆집의 이야기를 듣는 듯한 생동감을 준다.

구체적인 말을 사용하라. 청중의 주의력을 집중시키는 과정에는 연사의 어조나 주제에도 관련이 있겠지만 여러 보조 수단을 이용할 수도 있다. 그중 대표적인 것이 영상을 떠오르게 하는 방법이다. 대화나 이야기 속에 영상을 집어넣어라. 붉게 타오르는 노을, 깨어진 거울 조각, 흥분하여 하얀 김이 나오는 콧구멍 등의 표현은 그야말로 다이내믹하게 청중의 눈을 사로잡는다.

시각적인 언어는 예로부터 사람들의 흥미를 자아내는 제 일감이다. 오죽하면 상품을 광고하는 디자인을 시각 디자인이라고 하였겠는가. 속담의 경우를 보면 대부분이 시각을 자극하는 내용임을 알수 있다. "여우처럼 교활하다.", "늑대 같은 인간, 바위처럼 단단한 근육" 등의 말을 되새겨보라. 사람과 여우의 이미지가 중첩되며 분명한 메시지가 전달되고 있지 않은가. 링컨 대통령의 타이름도 이런빛깔을 띠고 있다.

"말을 사려고 할 때 알고 싶은 것은 말꼬리에 털이 몇 개 있느냐는 것이 아니라 그 말이 좋은 말인지 아닌지를 판단할 수 있는 발굽을 관찰하는 일이다."

어떤 정책의 겉치레냐 진정 국민들에게 유용하냐를 묻는 질문이다. 이처럼 표현에 있어 시각에 호소하는 능력을 기른다면 당신의말은 매우 직접적이고 환상적으로 어필할 수 있게 된다.

"추상적인 문체는 어떠한 경우에도 좋지 않다. 당신의 문장을 돌이나 금속, 의자나 테이블, 동물 또는 남자나 여자로 채워야 한다."

프랑스의 철학자 알랭의 말이다. 실로 유명 작가들은 하나의 장면을 표현하는 데 있어 현미경으로 보듯 분명하게 묘사하고 있다. 이것은 청자들의 뇌리에 어떤 영상을 각인시키는 효과가 있다. 그러므로 이야기를 할 때는 실제로 일어난 일이나 고유명사, 숫자, 날짜, 이름 등을 삽입하는 것이 필수적이다.

반대로 관념적인 구름, 바람, 세계, 국민 따위의 단어들은 최소한으로 줄이는 것이 좋다. 당신이 세일즈맨이라면 비누를 이야기할 때도 도브나 다이알을 지목해야지 빨래비누나 세숫비누의 이름을 말해서는 고객을 설득시키는 데 애만 쓰는 꼴이 되고 말 것이다. 단어가 불러일으키는 영상의 마력에 주목하라.

• POINT •

대화나 이야기 속에 영상을 집어넣어라.

사이사이 자극적인 이야기로
청중을 혹하게 하라

"1871년 봄, 훗날 세계적인 물리학자가 된 윌리엄 오즈라는 청년은 한 권의 책을 집어들었습니다. 그 책에는 그의 미래를 바꾸어줄 21개의 단어로 된 한 줄의 문장이 담겨 있었습니다."

이와 같이 연설을 시작한다면 청중은 과연 그 21개의 단어란 무엇일까 하는 궁금증으로 연사의 말 한마디에 집중할 것이다. 하지만 이런 시도가 너무 감정에 치우치면 안 된다. 충격이란 한두 번으로 족하다. 말도 여러 번 하면 잔소리가 되는 것이다. 그럴 자신이 없다면 청중이 처음부터 화제의 핵심에 뛰어들게 한다.

"나는 작년 여름 자살하기 위해 세느 강에 뛰어들었습니다."

이렇게 말을 시작하면 청중이 놀란 눈으로 당신을 쳐다보지 않겠는가. 종교 집회가 아닌 다음에야 청중은 설교를 듣고 싶어 하지 않는다. 재미있거나 흥미로운 이야기로 그들의 시선을 사로잡자. 그런 다음 본론으로 진입하는 것이 요령이다.

하지만 사람들은 삶의 에너지로 승화되고 미화될 수 있는 이야기에 지속적으로 몰두한다는 점을 잊어서는 안 된다. 만일 두 사람을 예로 든다면 당신의 경험에 비추어 한 사람은 왜 성공하고, 또 한 사람은 왜 실패했는지를 알려주어라. 그와 같은 화제는 당신이라는 개인의 깔때기를 거침으로서 맑아지고 객관화된다.

청중은 지나친 자기중심적 말투나 오만한 태도에 본능적으로 반감을 가진다. 반면 성공한 당신의 바보 같은 일화, 그 안에서 일어선 오기나 의지에 귀를 기울인다. 그런 과정에서 세부적인 사항을 밝혀주면 이야기는 매우 현실감 있게 다가선다. 그 방법은 '언제, 누가, 어디서, 무엇을, 어떻게, 왜'라는 육하원칙을 활용하면 좋다. 거기에 자신의 소감을 덧붙인다면 곧 빼어난 연설이 되는 것이다.

만일 누군가의 일화를 예로 들 때는 그의 직함과 실명, 현재의 위치와 상황 등을 분명하게 사용하라. 그렇게 되면 청중은 훔쳐보기의 재미를 느끼며 이야기에 집중하게 될 것이다. 불가피하게 가명을 쓸 경우에도 '그' 혹은 'A씨'가 아니라 유명인의 이름을 차용하는 것도 재미있다.

한편 이야기를 할 때는 온몸으로 하는 습관을 들이는 것이 좋다. 우리의 지식의 대부분은 시각적 인상을 통해 얻어진 것이다. 사람들에게 눈에 선히 보이도록 이야기를 하는 것이 매우 소구력이 높을 것은 자명한 이치이다. 비행기 사고에 대해서 이야기할 때 무미건조한 기록의 나열보다는 손짓이나 몸짓으로 비행 궤도를 그려준다면 당연히 쉽게 이해되는 것처럼, 온몸으로 이야기를 하라. 어떤 청중은 이야기의 주제보다는 그때 묘사했던 우스꽝스런 몸짓으로 연설자를 기억한다. 그것은 몸이 언어보다 더 빨리 더 오래 알아듣는다는 반증이다.

· POINT ·

사람들은 삶의 에너지로 승화되고 미화될 수 있는 이야기에 지속적으로 몰두한다.

열정적이고 진지한 태도가
상대의 마음을 움직인다

"열의가 있는 것처럼 행동하라. 그러면 자연스럽게 열의가 뿜어져나온다."

루스벨트의 말처럼 자신에게 가장 적합한 화제를 고르는 것도 중요하지만, 그 화제에 관하여 진지하게 생각하고 연구하는 습관은 필수적이다.

열의가 없는 연설은 누가 들어도 지겨울 뿐이다. 말하는 사람의 진지함과 신념을 잃지 않는 태도는 종종 상식에 어긋나는 발언으로도 사람들을 현혹할 수 있다. 그리하여 얼토당토않은 내용이 진실로 탈바꿈되는 경우가 있는 것이다. 거꾸로 말하면 진실을 진지하게 말했을 때 그 설득력은 상상 이상의 성과를 낼 수 있다는 뜻이다.

청중은 난로 안에 들어 있는 장작과도 같다. 거기에 메마른 모래나 차가운 물을 뿌리면 훗날 누가 불씨를 심어도 타오르지 않는다. 하지만 거기에 불씨를 넣고 부채로 조금만 부치면 활활 타오르게 된다. 화자의 열정은 바로 그 불씨이며 부채에 다름 아니다.

화장실에서 세수를 하다 불현듯 떠올랐던 생각, 도로가 막혀 출근이 늦었을 때 치밀어 오르던 분기, 세금고지서에 찍힌 이해 못 할 숫자들에 대하여 청중은 막연한 불만과 관심을 가지고 있다. 그런 침묵에 당신은 불을 붙이는 사람이다. 네스호의 괴물을 물 위로 떠워 보여주는 사람이다.

호수에 조약돌을 던지면 둥근 동심원이 사방으로 번져간다. 그 조약돌은 작다. 하지만 파문이 크다. 이처럼 당신의 조그만 생각 하나는 사람들을 행동하게 할 수 있는 커다란 계기가 된다. 그 하나에 대한 열정과 진지함이 당신과 청중을 한마음으로 만들어줄 것이다.

진실을 진지하게 말했을 때 그 설득력은 상상 이상의 성과를 낼 수 있다.

생각 속에
생각이 있다

"마음은 이성이 알지 못하는 이성을 내포하고 있다."

파스칼의 말대로 생각 속에 생각이 있다. 그것이 당신은 물론 타인들을 탈바꿈할 수 있음을 믿으라. 언젠가 나는 신념도 별로 없고 모든 것에 무관심하면서도 말을 잘하기를 원하는 사람에게 이렇게 조언했다.

"새는 좋아하십니까?"
"새 말입니다. 하늘을 나는 새요? 그렇게 싫어하지는 않습니다."
"잘되었군요. 당신이 말을 잘 하고 싶다면 비둘기를 한번 연구해

보십시오."

그러자 그는 고개를 갸웃거리며 무슨 헛소리를 하느냐는 표정으로 나를 바라보았다. 그때 나는 이렇게 말했다.

"광장에 있는 비둘기를 관찰해보라는 말입니다. 비둘기의 모이가 무엇인지, 그들에게도 가족이 있는지, 여행을 떠나지는 않는지, 왜 비둘기가 평화의 상징이 되었는지 말입니다."

그는 고개를 끄덕이고 자리에서 일어났다. 그리고 몇 달 뒤 놀라운 일이 벌어졌다. 연단에 선 그는 어느새 비둘기 박사가 되어 있던 것이다. 비둘기를 소재로 하여 그는 여행의 유익함과 조직 생활의 유용함, 노아의 방주에서 비롯된 평화의 상징 비둘기를 예로 들면서 환경문제와 인류애까지도 명확하고 조리 있게 설파하고 있었다. 청중의 우레와 같은 박수를 받고 내려온 그에게 내가 물었다.

"아니, 어떻게 된 겁니까?"
"저도 잘 모르겠습니다. 선생님의 조언을 듣고 비둘기를 관찰해보니 어쩌면 그렇게 나약했던 저와 꼭 닮았던지요. 그래서 이미지를 바꾸기 위해 비둘기와 관련된 여러 책을 구해 읽었습니다. 그래서 비둘기가 좋은 새란 걸 알게 되었지요. 더불어 제 인생도 좋을 것이

란 느낌을 받았습니다. 저는 사람들에게 그런 저의 생각을 정직하게
말했을 뿐입니다."

· POINT ·
마음은 이성이 알지 못하는 이성을 내포하고 있다.

누구나 이익이 되는
말에 귀 기울인다

　인간은 모든 면에서 자기를 인정해주고 명예를 존중해주길 바란다. 그런 면에서 러셀 콘웰 박사는 연사와 청중과의 교감을 누구보다도 잘 이해하고 있던 사람이었다. 그는 어떤 지방에 초빙 받게 되면 그곳의 보통 사람들, 집배원이나 상품판매원, 청소부들과 이야기를 하면서 그들의 생활 방식과 희망을 알아낸 다음 그와 관련된 화제를 거론하곤 하였다. 이것은 청중과 교감을 나누기 위한 성실한 준비 자세임은 두말할 필요조차 없겠다.

　만일 당신이 변호사라면 유언장을 쓰는 방법을 가르쳐줄 수 있고, 세무사라면 세금을 줄이는 방법을 알려줄 수도 있다. 이와 같이 청중이 의식하지는 않았지만 반드시 필요한 지식이야말로 그들이 원하는 내용이다. 기실 강연회의 주인은 청중이지 연사가 아니다. 그들의 리듬에 자신의 호흡을 맞추어라.

제멋대로 노골적인 찬사를 늘어놓거나 직접적으로 청중의 허물을 공박한다면 그 자리에는 냉기만이 돌게 된다. 중요한 것은 진지한 자세로 중용의 태도를 취해야만 하면서 그들에게 이로운 내용을 들려주어야 하는 것이다. 그러기 위해서는 청중과 자신의 관계를 명백히 해야 할 필요가 있다.

영국의 수상인 해럴드 맥밀런은 재임 당시 인디애나 주에 있는 포우 대학 졸업식에서 이와 같은 방법으로 청중의 주목을 받았다.

"영국의 수상이 대학의 졸업식에 초청될 기회는 좀처럼 없을 것입니다. 하지만 내가 수상이라는 사실이 이 자리에 초청된 유일하고 중요한 이유라고는 생각지 않습니다."

그러고 나서 그는 자신의 모친이 인디애나 출신의 미국인이고 외할아버지가 데 포우 대학의 제1기 졸업생이었다는 사실을 밝히며 자신이 오랜 가문의 전통을 이어갈 수 있다는 사실을 강조했다. 이렇게 해서 그 졸업식에 참석한 사람들은 자기 대학 출신의 후예인 자랑스러운 영국 수상의 발언에 귀를 기울이게 되었던 것이다.

청중과 교감하기 위해서는 그들과 함께 자리하거나 연관이 있는 유명인사의 이름을 예로 들자. 청중은 자신들 가운데 누가 함께하고 있는지 잘 모른다. 하지만 그중에 유명한 영화배우나 명사가 있다는 것을 알게 되면 자신도 모르게 어깨가 으쓱해지는 것이다.

· POINT ·

강연회의 주인은 청중이지 연사가 아니다.

태도만 바꿔도
호감을 얻을 수 있다

청중은 남녀노소를 불문하고 연사가 자신들을 대하는 태도에 몹시 민감하다. 연사가 자칫 교만한 몸짓이라도 하게 되면 몹시 불쾌한 느낌을 받는다. 그러므로 연사는 시종일관 겸손한 태도를 취해야 한다.

연단에 선 당신의 눈은 둘이지만, 객석에서 당신을 바라보고 있는 눈은 수백, 수천, 어떤 경우에는 수만이 될지도 모른다. 그들은 오로지 당신만을 주시하고 있다. 당신의 일거수일투족은 감시당하고 있음을 명심하라.

그들은 당신의 견해에 귀 기울이면서도 다른 한편으로 성실성과 열정을 심판하고 있다. 그중에 하나라도 허물이 보인다면 당신의 입에서 나온 한마디, 한마디는 신뢰성을 잃게 된다. 하지만 최선을 다하는 모습을 견지한다면 그 이상의 호의와 존경심으로 당신을 성원해줄 것이다.

청중은 겸손한 사람을 좋아한다. 우쭐해하는 사람은 결코 사랑하지 않는다. 자기중심적이고 교만한 사람은 금세 퇴출되고 만다. 해박한 지식으로 사람들을 현혹시키려 하지 않으며, 모든 것을 포용하는 박애 정신으로 사람들을 대하라. 그것이 닫혀 있는 청자의 마음과 교감하는 화자의 태도일 것이다.

· POINT ·

청중은 연사가 자신들을 대하는 태도에 몹시 민감하다.

청중은 무엇을
기대하는가?

대개의 세일즈맨들은 자신의 상품이 얼마나 고객에게 유익한지에 대하여 수십 가지의 근거를 들 수 있다. 하지만 중요한 것은 유익함과 함께 그 고객이 상품을 살 수 있도록 해야 하는 것이다.

즉 상대에 따라 어떤 강력한 이유를 마지막으로 뇌리에 심어주어야 한다. 그래야만 알래스카에 냉장고를 팔 수 있고, 아프리카에 난로를 팔 수 있는 것이다. 연설의 요점이 분산되지 않고 한 가지로 결집해야 하는 이유는 그 때문이다.

어떤 종류의 문제건 그 요점을 청중이 행동하기 편하도록 말해주는 것은 연사의 의무이자 책임이며, 곧 청중이 원하는 바이다. 그들은 어떤 명확한 메시지를 듣기 위해 연사의 말에 귀를 기울인다. 그

의미가 모호하면 시간이 아까워지게 마련이다. 그러기 위해서는 다음과 같은 점에 유념하라.

첫째, 연사는 어떤 이야기든 구체적으로 해야 한다. 가장 중요한 주제에 집착하라. 광범위한 영역을 홀로 커버하려고 하지 마라. 다만 한 가지 요점에 어떤 표현 방식이 적절한지를 판단하고 실행하는 것이 중요하다. 요점은 당신의 이야기를 총정리한 것이다. 때문에 신문의 헤드카피처럼 강렬하고 솔직하게 자신의 뜻을 드러내는 것이 중요하다. 결코 청중의 반응에 겁을 먹어서는 곤란하다.

둘째, 생각을 순서대로 정리하라. 어떤 사건이 있다면 시간적인 순서에 따라 과거, 현재, 미래 순으로 하거나 거꾸로 되짚어 올라갈 수도 있다. 파리를 설명할 경우 동서남북으로 중요한 지표를 정해 설명할 수도 있고, 역사적인 기념물을 차례차례 열거하면서 설명해도 좋다.

셋째, 요점에 번호를 붙여라. 설명에 번호를 붙이는 것은 당신의 발언에 절도와 신빙성을 더해준다. '첫째 요점은……', '둘째 요점은……' 이런 식으로 말해 나가면 논점을 잃을 염려도 없을 뿐만 아니라 청중도 마음속에 정리하기가 훨씬 편하다.

넷째, 잘 알려진 예를 들어라. 아프리카 사람들에게 눈을 예로 들거나, 알래스카 사람들에게 야자열매를 예로 든다면 그들은 도저히 알아들을 수 없게 된다. 만일 그 예를 다른 것으로 대체할 수가 없다면 그와 비슷한 것을 함께 설명하는 것도 좋다. "망고 열매는 물개의 머리통만 한 과일입니다."라고 말한다면 적어도 관객들은 그 형상을 아슴푸레하게나마 그려볼 수 있게 된다.

다섯째, 전문적인 용어는 피하라. "현인처럼 생각하고, 범인처럼 말하라."라는 아리스토텔레스의 말이 있다. 이처럼 당신이 의사나 변호사와 같은 전문가라면 그 직업에 관계없는 사람들 앞에서 전문적인 용어를 보다 알기 쉬운 말로 대치하는 데 주의를 기울여야 한다. 그러지 않으면 자신의 지식을 자랑하는 공연장이 되고 말 것이다.

· POINT ·
청중은 어떤 명확한 메시지를 듣기 위해 연사의 말에 귀를 기울인다.

9장

잡담도
능력이다

잡담도
능력이다

잡담이란 일상생활에서 아무런 목적 없이 주고받는 대화를 말한다. 그런데 언뜻 무의미해 보이는 잡담이 의외로 원만한 인간관계를 유지하는 데 중요한 역할을 하고 있다. 친구나 동료, 상사와 함께 나누는 가벼운 잡담은 무의식중에 서로의 동질감 내지는 화합을 이끌어낸다.

잡담하는 와중에서도 상대방을 존중하고 배려하는 마음을 잊어서는 안 된다. 일상적인 자리에서 누군가를 비난하거나 배척하는 것은 자신에게 돌을 던지는 행위나 마찬가지다.

우리 주변을 돌아보면 별스럽지 않은 자리에서 커다란 성공의 계기를 찾아낸 사람이 있는가 하면, 욱일승천하던 기세가 한순간에 꺾이는 불행을 맛본 사람도 있다. 따뜻한 커피 한잔의 휴식 사이에 오가는 대화일지라도 결코 가볍게 처신해서는 곤란하다는 말이다.

사람들은 중요한 교섭이나 상담을 하게 되면, 메인이벤트로 들어가기 전에 가벼운 몇 마디의 잡담을 건네기 마련이다. 이것은 일종의 숨 고르기라고 할 수 있다.

물론 본론에서 제기하고 합의할 문제들은 이미 어느 정도 예상하고 있는 바이지만, 그 순간에 각자 얼마만한 여유를 보이느냐가 커다란 영향을 끼치기두 한다.

예를 들어 회사의 중요한 상담이 있는데, 상대의 기세가 영 만만치 않게 느껴진다. 그렇다고 강하게 대쉬하면 부작용이 걱정된다. 그런 때 자리에 앉으면서 가볍게 자신의 심정을 토로해보면 어떤 반응이 일어날까.

"어휴, 저는 요즘 아침마다 몸이 찌뿌둥하니 영 개운치가 않아요. 오늘은 어려운 자리라 더욱 긴장이 풀리지 않는군요. 뭐 좋은 방법이 없을까요? 듣자 하니 선생님께서는 요즘 마라톤을 열심히 하신다면서요?"

이와 같은 잽은 내심 경계하고 있던 상대를 우쭐하게 하고 더불어 마음 한편에 자비심을 불러일으킨다. 그리하여 자신이 좋아하는 마라톤에 대한 짧은 강의가 튀어나오는지도 모른다.

아무튼 그렇게 상대에 대한 배려감이 무의식중에 표출되면 상담의 과정은 생각했던 것보다 훨씬 원활하게 이어질 것이다.

• POINT •

가벼운 잡담은 무의식중에 서로의 동질감 내지는 화합을 이끌어낸다.

그 사람과는
무슨 잡담을 나눌까?

영업 분야에 종사하고 있는 사람들에게 잡담의 화제는 전략적으로도 이용할 수 있다. 거래 상대의 취미, 가족 관계, 취향, 버릇, 친구, 고향 등에 대한 모든 자료를 주도면밀하게 검토한 다음 분위기에 알맞은 잡담 기술을 활용한다면 의외의 성과를 거둘 수 있다. 이것은 일면 세일즈맨의 고도의 기법 중의 하나이다.

잡담은 내용, 사용 시간, 장소, 방법을 어떻게 활용하느냐에 따라 그 효과가 천차만별이다. 그러므로 다음과 같은 세 가지를 주의하지 않으면 안 되겠다.

첫째, 잡담을 할 때는 타이밍을 잘 맞추어야 한다. 상대가 눈코뜰

사이 없이 바쁠 때 골프 같이 한가한 이야기를 꺼낸다면 참으로 센스 없는 사람이라 여길 것이다. 그런 때는 시간을 쪼개 쓰는 방법 등 실용적인 화제가 어울린다.

둘째, 장소에 맞는 이야기를 해야 한다. 각계각층의 사람들과 어울리는 자리에서 사적인 계약 이야기를 꺼낸다면 상대는 어처구니가 없어 할 것은 분명하다. 공과 사를 명확히 하는 습관이 필요하다.

셋째, 상황에 맞는 화제를 선택해야 한다는 것이다. 야구장에서는 야구 선수의 이야기를, 서점에서는 책에 대한 이야기를 하는 것이 무엇보다도 자연스럽지 않겠는가. 그로써 당신은 상대에게 편한 사람이 될 수 있는 것이다.

이와 같은 잡담의 화제는 상대편으로 하여금 '새롭다'는 느낌을 주어야 한다. 얼굴만 마주치면 한다는 이야기가 아침 신문에 나온 뻔한 이야기뿐이라면 누군들 외면하지 않겠는가.

테러리스트에 대한 화제가 나왔다면 테러리스트에서 국회의원까지 된 인도의 여자 정치인 이야기를 슬쩍 거론하여 단순한 테러라는 주제를 영화, 영화 사업, 기타 사업 등으로 자연스럽게 전환시킴으로써 자신을 슬그머니 대화의 주체로 부각시키는 지혜가 필요하다. 이런 센스는 자신의 이미지를 긍정적으로 보이는 놀라운 효과를 발휘하게 된다.

화제의 개발은 평소에 사람들과의 폭넓은 교제를 통하여 개발하는 것이 좋다. 그것은 말하기 위해 들어야 한다는 말이다. 가능한 한 여러 분야의 사람들과 만나 체험이나 전문 분야의 특징, 성공 사례 등을 들은 다음 상황에 따라 응용하면 좋다. 신문이나 잡지, 다양한 분야의 서적을 읽는 것은 물론, 지나치기 쉬운 TV에서도 많은 화제를 건질 수 있다. 하지만 무엇보다도 제일 좋은 화제는 자신이 몸과 마음으로 느껴본 경험일 것이다.

그런데 고급 경험을 얻으려면 일정한 투자를 감내하지 않으면 안 된다. 베스트셀러를 사보고 유명한 영화를 관람하고, 특이한 스포츠를 하려면 돈이 들게 마련이다. 성공하는 사람들은 이런 투자를 아까워하지 않는다. 왜냐하면 우선 자신의 정신을 살찌우고, 그 과정에서 남다른 생각이나 아이디어를 창출할 수 있기 때문이다.

사람의 무게는 실로 잡담에서부터 드러난다. 더불어 이야기할 때 침묵하는 사람보다는 다양한 화제와 분석으로 분위기를 리드하는 사람이 리더의 위치에 있다는 점을 명심하기 바란다.

· POINT ·

잡담의 화제는 상대편으로 하여금 '새롭다'는 느낌을 주어야 한다.

상대와 나눈 스쳐가는 잡담에
특별한 정보가 숨어 있다

"부지런한 사람의 손은 모든 것을 주물러 황금으로 변하게 하는 재주를 가지고 있다. 그것은 마치 자애로운 어머니의 손이 상처의 아픔을 덜어주는 것과 같은 위대한 힘이다."

롱펴드의 말처럼 대화는 영혼의 치료제이며, 인간관계의 보석과도 같다. 또한 우리는 숱한 대화를 해나감으로써 인간을 바라보는 눈이 생긴다. 선악의 구분은 물론이고, 그 내면에 담겨 있는 에센스를 감지할 수 있는 능력이 길러지는 것이다.

이런 능력은 보편적인 것이 아니다. 어떤 화제든 주의 깊게 관찰하고 연구하려는 자세를 가진 사람만이 얻을 수 있는 덕목이다. 그러므로 우리는 얼핏 하찮게 여기는 주장이라도 한 번 더 베어 물어 그 핵심을 캐어보려는 노력을 게을리해서는 안 된다. 역사상 대단한 발명이나 발견이라는 것도 기실 포기한 타인들보다 한 걸음 더 내디딘 결과라는 점을 명심하라.

우리의 대화 속에서는 언제나 특별하고 각별한 정보가 오가는 것이 아니다. 진귀한 보석을 다루다가도, 형편없는 싸구려 보석함에 대해서 몰두하는 경우가 부지기수이다. 하지만 이런 상황에서도 화제의 중심을 잃어버리지 않는다면 반드시 얻을 것이 있다. 동양 속담에 "세 사람이 지나가면 반드시 내가 배울 것이 있다."라는 말이 있다. 볼품없어 보이는 보석함이 알고 보면 국보급 보물일 수 있는 것이다.

사람들은 종종 '쓸모없는 잡담'을 경원시하는 경향이 있다. 하지만 그와 같은 잡담 속에도 뼈가 있다는 것을 아는 사람은 주변의 작은 소문조차 흘려듣지 않는다. '민심은 천심'이라고, 시정잡배들의 한담 속에서도 중요한 아이디어가 창출된다는 것을 알기 때문이다. 특히 제한된 조직 내에서 흘러나오는 잡담에는 수많은 정보가 담겨 있다. 특정인물의 사생활은 물론 취미, 행동 반경, 습관 등 모든 것을 얻을 수 있다. 이 정보들은 당사자가 어떻게 활용하느냐에 따라 가치가 달라지게 마련이다. 일상생활의 잡담에 주목하라. 잡담하는 사람의 마음은 어느 정도 경계심이 허물어져 있다. 그 안에는 사람들의 갈증과 욕망이 생생하게 숨 쉬고 있음에 주목하기 바란다.

어떤 화제든 주의 깊게 관찰하고 연구하려는 자세를 가진 사람만이 핵심을
얻을 수 있다.

나를 드러내는 대화의 기술,
1·2·3법칙

대화에는 1·2·3의 법칙이 있다. 그것은 1의 비율만큼 말하고, 2만큼 들으며, 3만큼 맞장구를 치라는 것이다. 그런 자세가 상대에게 대화의 상대로서 인정받을 수 있는 중요한 덕목이 된다. 그렇다면 대화 도중에 상대에게 자신을 부각시키는 방법을 알아보기로 하자.

우선 그 시작은 상대방의 말을 잘 듣는 것이다. 개인 감정이나 고정관념을 보태지 않고 듣는 습관을 들이자. 그래야만 화제의 핵심을 파악할 수 있게 된다. 자신이 말을 할 때는 그 내용이 정확한 근거와 논리에 맞아야 한다. 자칫하면 별것 아닌 잡담조차 소문의 진원지로 오해받을 수 있기 때문이다.

그러므로 아무 생각없이 불쑥 내뱉는 말 한마디에 조심할 필요가 있겠다. "그 사람은 이번 달 실적이 부진해 보이던데……." 같은 말이 꼬리를 달게 되면 "그 사람은 사표를 써야 한다."라는 말을 한 것으로 침소봉대할 위험이 있는 것이다.

한편 이미 했던 말을 반복하는 것은 상대를 지치게 할 우려가 있으므로 삼가는 것이 좋다. 어떤 사람들은 어제 했던 말을 오늘 또 하고, 내일 또 하는 사람이 있다. 누구라도 이런 부류와는 실로 상대하기조차 싫어질 것이다.

지신의 주장이 있다면 당당하게 표현해야 하는 것은 당연하지만 상대에게 무례하게 보여서는 안 된다. 되도록이면 긍정적인 태도로 예의를 갖춘다면 상대의 대응은 보다 유연해진다. 인간의 감정이란 고무줄과도 같아서 똑같은 'YES'에도 감사와 분노가 서로 엇갈린다는 점을 명심하라.

· POINT ·

1의 비율만큼 말하고, 2만큼 들으며, 3만큼 맞장구를 치라

10장

사람을 얻는
대화의 기술

상대를 사로잡기 전에
나를 먼저 다스려야 한다

　말은 마음의 표상이다. 진실한 마음이 뒷받침되지 않는 말은 아무리 그 기교가 뛰어나고 화려하다 해도 설득력이 없다. 그러므로 뛰어난 화자의 기본 덕목은 무엇보다도 인격이라고 할 수 있다. 인격이야말로 자신을 증명하는 최상의 보증수표이다. 다수의 사람에게 인격자로 인정받는다는 것은, 곧 자신의 말에 그만큼의 무게가 담긴다는 뜻이 된다.

　말이란 사람과 사람 간의 소통이다. 타인을 사로잡기 전에 나를 먼저 다스려야 하는 것이다. 그렇다면 현재의 나는 어떤 사람인가, 나는 진정으로 현재의 일에 열중하고 있는가, 내가 종사하고 있는 직업이나 사상에 믿음을 가지고 있는가, 주변 사람들을 사랑하고 있는가, 이런 질문을 나 자신에게 던져보자.

인간관계에서 화술이란 하나의 도구에 지나지 않는다. 하지만 그 도구는 천하를 뒤덮을 만한 힘을 지니고 있다. 부나 명예를 얻는 데 무력만으로도 충분한 시대가 있었다. 하지만 현대는 타인과 잘 소통해야만 자신의 역량을 펼칠 수 있는 시대이다.

잘 들을 수 있는 귀와 잘 표현할 수 있는 입은 이제 현대인의 필수과목이 되었음을 알아야 한다. 잘 듣는다는 것이 성실과 예의로서 다지는 인격의 기초라면, 잘 말한다는 것은 복잡다단한 인간관계를 보다 긍정적이고 정겨운 관계로 이끌어갈 수 있는 커다란 무기가 되는 것이다.

얼마나 설득력 있게 자신의 뜻을 전달하여 사람들의 동의를 얻는가가 인생의 승부를 좌우한다. 그 기본 덕목인 인격을 도야하는 데 게을리하지 말자.

· POINT ·

다수의 사람에게 인격자로 인정받는다는 것은, 곧 자신의 말에 그만큼의 무게가 담긴다는 뜻이 된다.

성공한 사람은 인맥이 넓다

"당신이 성공하려면 남보다 일을 잘해야 하고, 또한 타인의 호감을 사야 한다."

벤자민 프랭클린의 말이다. 그는 30세의 나이에 필라델피아에서 유명한 실업가가 되었고, 40에 이르러서는 전 미국에서 손꼽을 만한 대실업가가 된 인물이다. 그의 성공의 과정은 전세계의 사람들에게 하나의 교본이 되기까지 하였다. 하지만 이런 프랭클린도 젊은 시절에는 독불장군식의 행동으로 인해 쓰디쓴 실패를 겪은 적이 있었다.

젊은 벤자민 프랭클린은 매우 명석한 두뇌에 실천력을 지닌 유능한 청년이었다. 그렇지만 너무나 자만한 나머지 주변 사람들과의 마찰이 잦았을 뿐만 아니라 원하는 승진조차 제대로 되지 않았다. 화가 난 그는 어느 날 상사에게 달려가 따졌다.

"아니, 회사 일에 제일 공을 많이 세운 저를 왜 승진에서 누락시 킨 겁니까?"

그러자 상사는 심각한 표정으로 말했다.

"여보게. 자네에게는 너무나 적이 많네. 자네 동료는 물론 상사들 까지 자네가 버릇없다고 수군대는 걸 모른단 말인가?"
"아무럼 어떻습니까? 결과만 좋으면 다 좋은 게 아닙니까?"
"자네가 아무리 일을 잘해도 동료들의 응원을 받지 못하고 윗사 람의 기분을 상하게 만든다면 누가 자네를 윗사람으로 모실 수가 있 겠나. 인간관계가 제대로 되어 있지 않은 사람은 아무래도 출세하기 가 힘든 법일세."

그 말을 깊이 새겨들은 프랭클린은 그때부터 사람과 사람의 만남 에 보다 깊은 주의를 기울였다. 그리하여 승승장구, 마흔 살이 되어 서는 미국 굴지의 실업가가 되었다. 그 후 문필가, 과학자 등 다방면 에 걸쳐 성공을 이루었다.
성공한 사람들의 인맥을 보면 거미줄처럼 얽혀 있어서 그 사람이 얼마나 넓은 교우 관계를 가지고 있는 인간인지를 증명해주곤 한다.

사회적으로 성공한 사람들 1만 명을 대상으로 성공의 비결을 알아본 결과, 과거에 성공 조건으로 믿어왔던 두뇌나 기술, 노력으로 성공한 사람은 15퍼센트에 불과했고, 나머지 85퍼센트는 인간관계를 성공 요건으로 지목했던 것이다. 한마디로 인간관계가 좋은 사람은 인생의 단 열매를 따지만 그렇지 못한 사람은 성공과는 거리가 멀다는 결론이었다.

그렇다면 어떻게 해야 인간관계를 잘 맺을 수 있을까? 무엇보다도 먼저 자신의 의사를 타인들에게 말과 행동으로 잘 표현해야 한다. 그래야만 사랑 받는 사람, 사랑을 주는 사람으로 인정받을 수 있다. 일면 처세를 부정적으로 생각하는 사람들은 자기 안에서만 살아가려고 한다.

그러나 처세란 여러 사람들과 좋은 관계를 맺고 유지해 나가는 과정이다. 그로부터 유용한 삶의 자양분을 얻고, 보람을 키워 나간다면 당신의 삶은 더욱 가치 있게 변모할 것이다.

• POINT •

인간관계가 좋은 사람은 인생의 단 열매를 따지만 그렇지 못한 사람은 성공과는 거리가 멀다.

아첨과
감사의 차이

난방장치 자재 세일즈맨인 암젤은 한 난방공사청부업자에게 자재를 팔기 위해 여러 해 동안 정성을 기울였지만 아무런 효과를 거두지 못했다. 이 업자의 공사 범위는 매우 넓어서 그와 거래가 성사되기만 하면 많은 이익이 예상되었지만, 그는 도무지 암젤을 상대해 주려 하지 않았다. 그도 그럴 것이 업자로서는 수많은 세일즈맨 중의 한 사람일 뿐이었고, 매일같이 그런 사람들이 찾아오기 때문에 그로서는 질릴 정도였던 것이다.

업자로부터 "지금은 바쁘니 그만 돌아가시오."라고 몇 차례 수모를 당한 암젤은 곰곰이 생각한 끝에 색다른 방법을 쓰기로 하였다. 당시 그의 회사는, 청부회사의 집 근처에 지점을 열 계획이었으므로,

암젤은 그 일을 빌미로 업자에게 접근하였다. 그는 지점 설치 계획서를 들고 업자의 사무실을 찾아갔다.

업자가 귀찮은 듯한 표정으로 "오늘은 또 무슨 일이오?"라고 소리치자 암젤은 웃으며 입을 열었다.

"잠깐만 시간을 내주십시오. 오늘은 일이 아니라 사장님의 자문을 구할 것이 있어서 찾아온 것입니다."

"자문이라니? 그게 무슨 말이오?"

"저희 회사에서 귀댁의 근처에 지점을 설치할 계획인데, 동네 사정을 몰라 선뜻 결정을 내리지 못하고 있습니다. 아무래도 사장님께서 잘 알고 계실 것 같아 이렇게 실례를 무릅쓰고 여쭈러 온 것입니다."

이 말을 들은 업자의 눈빛이 바뀌었다. 여태까지는 자신을 귀찮게 하던 세일즈맨 중의 한 사람이, 지금은 자신에게 소속회사의 중요한 결정 과정에 대한 조언을 구하는 사람이 된 것이다. 이렇게 되면 그는 개인이 아닌, 더 큰 조직의 자문 역할을 맡게 되는 셈이다. 이는 매우 자랑스러운 일이 아닌가. 그는 굳었던 표정을 누그러뜨리고 암젤에게 의자를 권했다. 그리고 여태까지는 상상도 할 수 없었던 일이 벌어진다.

"그래, 궁금한 게 뭐요?"

이렇게 해서 암젤은 업자에게서 그 동네의 상황과 토지 가격은 물론 여러 가지 잡다한 이야기를 들을 수 있었다. 얼마 뒤 서로 마음이 통한 두 사람은 사업은 물론 가정사까지도 논하게 되었다.

오랜 시간 동안의 상담이 끝난 후 사무실을 나오는 암젤의 가방 속에는 다량의 연통을 주문하는 계약서가 담겨 있었다. 그뿐 아니었다. 암젤과 업자는 함께 골프를 치러 가는 등 개인적으로 친분을 갖기에 이르렀다. 이는 상대의 사사로운 호의에 의존하면서 커다란 우월감을 갖도록 했기 때문이었다.

인간은 모두 자신이 중요한 존재임을 증명받고 싶어 한다. 하지만 성의 없고 속이 들여다보이는 아첨에는 결코 속아 넘어가지 않는다. 때문에 어떤 말이든 진심과 감사를 담아야 하는 것이다. 아첨과 감사의 차이는 간단하다. 진실함이다. 감사는 마음속에서 우러나지만 아첨은 입에서만 흘러나온다. 감사는 이타적이지만 아첨은 이기적이다. 그래서 아첨은 비웃음을 받지만 감사는 존경을 받는다.

· POINT ·

인간은 모두 자신이 중요한 존재임을 증명받고 싶어 하지만 성의 없고 속이 들여다보이는 아첨에는 결코 속아 넘어가지 않는다.

상대의 욕구를
자극하라

    자기표현은 인간의 가장 중요한 욕구 중의 하나이다. 때문에 상대에게 무엇을 원할 것이 아니라 그의 장점을 스스로 내보이도록 환경을 조성하는 것은 매우 적극적인 인간관계의 방법인 것이다. 아무리 지위가 높은 사람도 잔소리를 들으면서 일하는 것보다 칭찬을 받으며 일할 때 열정이 생기고 능률이 오르게 마련이다.

    인간 심리를 통찰했던 오버스트리트 교수는 성공의 제일원칙을 다음과 같이 설파했다.

    "우선 상대방의 마음속에 강렬한 욕구를 불러일으킬 것, 이것을 할 수 있는 사람은 만인의 지지를 얻는 데 성공하지만, 이것을 할 수 없는 사람은 한 사람의 지지도 얻을 수 없을 것이다."

전화기술자인 디치만 씨는 손쉬운 방법으로 반찬 투정하는 다섯 살짜리 딸아이를 변화시켰다. 그는 아내와 짜고 아이에게 아침 식사에 동참하도록 하였던 것이다. 평소 주방에서 일하는 엄마에게 몹시 호기심을 가지고 있던 아이는 재미있는 놀이라도 하는 듯이 우유를 따르고 달걀을 부쳤다. 그때 디치만 씨는 몹시 신기한 표정을 지으며 의도적으로 주방을 엿보았다. 아빠의 시선을 느낀 아이는 자랑스러운 듯 자신의 손이 탄 음식을 들어 보이며 소리쳤다.

"이것 봐요, 아빠. 내가 만든 거예요."
"야, 정말 맛있겠는걸. 내게도 좀 나누어줄 수 있겠니?"
"물론이죠."

아이는 당당한 표정으로 음식을 한 접시 담아 아빠에게 권한다. 그러고는 자신도 아주 맛있는 표정으로 그 음식을 먹는 것이었다. 아이는 자신이 참여한 음식 만들기의 결과를 증명하기 위해 평소에는 잘 먹지 않던 음식을 먹게 되었던 것이다.

이와 같은 사례는 아이들에게 국한된 것이 아니다. 이렇듯 사람들의 의욕을 자극시켜 성공에 이른 사람은 수도 없이 많다. 그중의 한 사람인 찰스 슈와프는 이렇게 말했다.

"나에게는 사람들의 열정을 불러일으키는 능력이 있다. 이것은 무엇과도 바꿀 수 없는 나의 보물이다. 남의 장점을 키우기 위해서는 칭찬과 격려가 제일이다. 윗사람의 꾸중처럼 아랫사람의 향상심을 해치는 것도 드물다. 나는 결코 사람을 비난하지 않는다. 남을 일하게 하려면 격려가 필요한 것이다. 때문에 나는 남을 칭찬하는 것만큼 비난을 싫어한다. 마음에 드는 일이 있다면 진심으로 찬성하고 아낌없는 찬사를 보낸다."

· POINT ·

남의 장점을 키우기 위해서는 칭찬과 격려가 제일이다.

마음의 거리에도
퍼스널스페이스가 있다

　인간에게는 누구에게도 침범당하지 않는 자신만의 영역이 있다. 이는 생활의 영역이든 의식의 영역일 수도 있다. 여기에는 동물적인 보호 본능은 물론 경험과 신념으로 이루어진 자아도 있게 마련이다.

　그런데 어떤 사람들은 지나치게 자신의 생각을 고집하고 굽히려 들지 않는다. 이런 사람과 이야기를 하다 보면 자리를 박차고 뛰쳐나가고 싶은 기분이 들 것이다. 그들은 자기 최면에 빠져 자신의 내면에 족쇄를 채워둠은 물론 어떤 주제에 관해서도 결코 양보하지 않는 고집불통들이다. 논리적으로도 설득할 수 없고, 잘 달래려 해도 도무지 마음의 문을 열지 않는다. 오로지 자신의 현재에 만족하고 자신의 시각만이 바른 길이라 믿으며, 그 외의 것은 모조리 적대시하는 사람들…….

하지만 이런 사람도 우회하여 관찰해보면 그런 자아의 내면에는 보호받고 인정받고 싶은 본심이 존재한다. 이런 사람을 적으로 만들기보다는 동지로 만드는 편이 훨씬 이성적이고 현명한 자세일 것이다.

그렇다면 그들을 어떻게 해서 동지로 만들어야 할까? 여기 사도 바울의 방법이 있다. 그가 전도 여행을 하던 당시 아테네는 페리클레스가 사망한 뒤 쇠퇴일로에 있었고, 국민들은 무엇인가 새로운 일이 없을까 궁리하고 있던 차였다.

그곳에 사도 바울이 나타났다. 사람들은 그가 색다른 가르침을 주리라 확신하고 아레오바고스로 데리고 갔다. 하지만 바울은 그들이 원하는 새로운 가르침, 즉 새로운 종교를 소개하지 않았다. 왜냐하면 전혀 새로운 것은 기존의 것과 마찰을 일으키면 타버릴 위험성이 다분했기 때문이었다. 그로서는 아테네 시민들에게 기독교를 알리면서 이교(異敎)라는 관념을 희석시켜야만 한다고 생각했다. 그리하여 바울은 이렇게 연설을 시작했다.

"존경하는 아테네 시민 여러분. 저는 길을 걷다가 여러분들이 믿는 여러 위대한 신들의 형상을 보았습니다. 그중에는 '알려지지 않은 신에게'라고 적힌 제단도 있었습니다. 이제 저는 그 알려지지 않은 신에 대해 말하려 합니다."

당시 아테네 사람들은 다신교도들이었고, 여러 신들을 조각하여 찬미하면서 그것을 자랑으로 여기고 있었다. 그러는 한편 조성해놓은 신들 중에 혹시 빠진 신이 있을까 염려하여 '알려지지 않은 신에게'란 제단을 만들어 제사를 지냈다.

그들에게 유일신을 믿으라고 전도하는 것은 위험한 일이었다. 그래서 바울은 종교적인 삶을 살아가는 그들을 추켜세우면서 알려지지 않았던, 그리고 이제는 경배해야 할 그리스도에 대하여 말을 꺼냈던 것이다. 그리하여 바울은 올림포스의 신들이 장악하고 있던 아테네에 기독교 신앙의 싹을 온전히 틔워낼 수 있었다.

바울의 예처럼 적대감보다는 동질감을 심어줌으로써 사람들의 마음을 사로잡을 수 있다. 적은 내 마음에 있다. 상대는 단지 두려워할 뿐이다. 그들을 편하게 해주자.

· POINT ·

동질감을 심어줌으로써 상대의 마음을 사로잡을 수 있다.

성공한 사람의 결과보다
과정에 주목하라

　역사를 돌이켜보면 실패자의 대부분은 수단과 방법을 가리지 않고 목적을 달성하려는 사람들이었다. 성공한 이들은 조그만 목표에도 주도면밀한 계획과 실천을 바탕으로 멀리 보고 돌아가는 사람들이었다.

　수백만 달러의 복권에 당첨된 사람이 그 부를 10년 이상 이어가는 경우는 드물다고 한다. 자신의 땀방울이 배어 있지 않은 성공은 그만큼 무가치한 것이다. 결과주의와 성과주의의 미신에서 벗어나야 한다. 올바른 과정이 있어야 정당한 이룸이 달성되는 것이다.

　"간단히 결과만 보고하시오."

"일을 망쳤단 말인가. 자네, 정말 무능하군."

회사 내에서 이런 방식으로 부하 직원을 다그치며 상황을 결론 지으려는 사람들은 낙제점이다. 목표의 뒤에 과정이 가려져버리면 귀중한 경험이나 노하우가 축적될 기회를 잃을 뿐더러, 한 번의 결과는 한 번의 결과로 끝날 뿐 도약을 향한 발판으로 삼지 못하는 것이다. 현명한 상사는 결과가 아닌 성취감에 더 무게를 둔다. 그러니 계약에 실패하고 돌아온 부하 직원에게 질책보다는 용기를 북돋워 주어야 한다.

"내가 알아보니 그쪽의 요구가 너무 심했더군. 자네의 책임한도에서 벗어난 일이었으니 신경 쓰지 말게나."

이렇게 되면 부하 직원은 내심 감격하면서 어떤 결의를 다질 것이다. 그로 말미암아 사과나무는 뿌리가 단단해지고 몇 십 년 동안 탐스런 과일을 생산해낼 것이다. 그리하여 심리학자 알프레트 아들러는 이렇게 단언하지 않았던가.

"타인의 일에 관심을 갖지 않는 사람은 고난의 인생을 걷지 않을 수 없으며, 타인에게조차 커다란 폐해를 끼치는 사람이다. 인간의 모든 실패는 그런 사람들의 탓이다."

수백만 달러의 복권에 당첨된 사람이 그 부를 10년 이상 이어가는 경우는
드물다.

자신을 좋아해주는 사람을
싫어하는 사람은 없다

마술계의 거장 하워드 서스톤은 일찍이 어렸을 때 가출하여 부랑자 생활을 했으며, 훔쳐 탄 철도광고를 보고 알파벳을 깨우쳤을 정도로 고달픈 시절을 보냈다. 이렇듯 불우했던 그가 서커스단에 들어가 마술을 배운 것은 정말 행운이었다.

하지만 그가 자신의 직업에 만족하고 안주했다면 결코 최고의 마술사가 될 수 없었을 것이다. 그에게는 다른 마술사들에게서 찾아볼 수 없는 특별한 방법이 있었다. 그의 마술이 매우 독특했다는 말인가. 아니다. 절대 그렇지가 않았다. 그는 다른 마술사들과 별로 다르지 않은 테크닉을 가지고 있었다. 서스톤의 재능은 의외로 평범한 두 가지였다.

첫째, 관객을 매혹시키고야 말겠다는 신념을 가지고 있었다. 그는 오랫동안 평범한 마술조차 관객들에게 탄성을 자아낼 수 있는 몸짓이나 말씨, 표정 등을 연구한 다음, 한 치의 오차도 없이 구사해냈다. 적절한 순간에 발휘되는 조크나 눈동자의 움직임은 그가 매우 세련되고 열정적인 마술사임을 관객에게 증명하였던 것이다.

둘째, 그는 인간에 대하여 진정한 관심을 가지고 있었다. 그것은 곧 마술사와 관객의 우정을 의미했다. 대개의 마술사들은 무대에서 관객들을 내려다보며 다음과 같이 오만한 태도를 가진다고 한다.

"오늘도 얼빠진 인간이 많이 왔구먼. 간단한 속임수조차 알아보지 못하는 바보들 같으니라고……."

하지만 서스톤의 태도는 이와는 정반대였다.

"나의 공연을 보기 위해 이렇게 모이다니 정말 고마운 일이야. 최선을 다해서 연기를 보여주어야지."

그러고는 "나는 관객들을 사랑한다."라는 말을 반드시 열 번쯤 뇌까리고 나서 마술을 펼치기 시작한다는 것이었다. 이런 그의 성실성과 진심은 보이지 않는 가운데서도 관객들의 호흡과 일치하여 그를 최고의 마술사로 존재하게 했던 것이다.

"우리는 자신에게 관심을 보여주는 사람에게 관심을 보인다."

—파브리아스 시라스(로마 시인)

이미지를 바꾸고 싶다면
미소 지어라

"이것은 밑천이 들지 않는다. 그러나 그 이익은 막대하다. 베풀어도 줄지 않고 베푼 자는 풍부해진다. 한순간만 보면 그 기억을 영원히 지속시킨다. 어떤 부자라도 이것 없이는 살 수가 없다. 아무리 가난해도 이것만 있으면 부유해진다. 이것은 가정에는 행복을, 장사에는 신뢰를 심어준다. 우정의 돌림말, 피로한 사람에게는 휴식이 되고, 실의에 빠진 사람에게는 광명을 주며, 슬퍼하는 사람에게는 태양이 되고, 괴로운 사람에게는 해독제가 된다. 사는 것도 강요하는 것도, 빌리는 것도, 훔치는 것도 의미가 없다. 반드시 공짜로 주어야 가치가 생긴다.

크리스마스 세일즈에 피로해진 점원들에게 이것을 보여주십시오. 미소를 많이 띤 사람일수록 미소가 더욱 필요합니다."

프랭크 어빙 플래처가 오펜하임 코린즈 회사의 광고문 속에 실린 '크리스마스의 미소'란 제목의 미소에 대한 명구이다. 성공이란 오랜 세월 동안 쌓아온 인품과 매력으로 인해 쌓은 성(城)과 같다. 아무리 험악한 인상을 지닌 사람이라도 환한 미소를 지으면 그에 대한 이미지가 완전히 뒤바뀌는 경험을 당신은 겪어보았을 것이다.

마음에 없는 미소에는 아무도 속지 않는다. 참다운 미소, 마음이 느긋해지는 미소, 마음에서 우러나오는 미소만이 천금과 같은 가치를 지닌다. 이런 얼굴에서 부드러운 말투가 튀어나오게 되면 그 누가 감동하지 않겠는가.

화술의 전제는 상대에 대한 관심과 따뜻한 미소이리라. 기분이 몹시 상해 있는 상황에서 고객이나 특별한 상대를 맞이했을 때는 어찌해야 하는가. 당신이 그 순간 자신을 변화시키지 않으면 인간관계에서 커다란 짐을 지게 된다.

그러므로 순간적이나마 기분을 전환시킬 수 있는 어떤 수단을 써야만 할 것이다. 그 최선의 수단은 억지로라도 웃음을 짓는 것, 또한 휘파람을 불거나 콧노래를 부름으로써 몸을 리드미컬한 상태로 변환시키는 것이다.

감정은 때때로 육체의 율동에 동조한다. 그렇게 하면 기분이 상한 상태에서 금세 벗어나 상대를 향해 자연스러운 미소를 띨 수 있게 된다. 이런 현상에 대하여 하버드 대학의 교수인 윌리엄 제임스는 이렇게 단언한다.

"동작은 감정에 따라서 일어나는 것으로 알겠지만 기실 그 둘은 병행한다. 동작은 의지력으로 직접 통제할 수 있지만 감정은 그렇지 못하다. 그런데 감정은 동작을 조정함으로써 간접적으로 조정할 수 있다. 따라서 쾌활함을 상실했을 경우에 그것을 되찾는 최선의 방법은 그야말로 쾌활한 듯이 행동하고 쾌활한 듯이 지껄이는 것이다."

중국 속담에 "미소를 짓지 못하는 인간은 장사할 자격이 없다."라는 말이 있다. 실로 미소는 밑천이 들지 않는 홍보 작전이요, 이미지 쇄신의 열쇠다. 미소는 여유를 만들고 여유는 자연스러운 말과 몸짓으로 이어진다.

· POINT ·

감정은 때때로 육체의 율동에 동조한다.

생각이
사람을 바꾼다

우리는 생각을 바꿈으로써 인생을 탈바꿈할 수 있다. 생각이란 곧 신념이고 가치관이다. 이제 어설픈 과거의 타성에서 벗어나 참여하고 행동하는 사람이 되라. 그 몸짓 하나하나가 자신을 성장시키는 열쇠가 된다.

일찍이 줄리어스 시저가 군대를 이끌고 도버 해협을 건너 잉글랜드에 상륙했을 때 제일 먼저 한 일은 해상에 떠있는 아군의 군함을 모조리 불살라버린 일이었다. 적지에서 대륙과의 연결 수단이자 패배했을 때의 생명줄인 배가 사라졌다. 남은 길은 오로지 적진을 향해 나아가는 길밖에는 없다. 시저는 이렇듯 불굴의 전략을 구사했다. 이것이 지금 당신이 타인을 향해 갖추어야 할 정신이다.

소극적인 생각은 모조리 태워버려라. 도피하고 싶다든가, 시간을 끌고 싶은 생각은 모조리 버려라. 당신은 살아남기 위해 말해야 하고 말하지 않으면 안 된다. 물에 들어가지 않으면 헤엄을 칠 수 없듯이 실제로 아무리 좋은 화술 강의를 받더라도 말을 하지 않으면 소용이 없는 것이다.

변설과 독설의 귀재였던 버나드 쇼도 젊은 시절에는 몹시 내성적인 사람이었다. 그는 친구 집에 가서도 문을 두드리지 못하고 20여 분간을 서성거릴 정도였다. 그는 이런 자신을 극복하기 위해 공개토론회에 가입하고 화술을 연마한 끝에 20세기 최고의 웅변가로서 거듭날 수 있었다. 이런 그에게 어떤 사람이 물었다.

"당신 같은 사람이 어떻게 그처럼 설득력 있는 연설을 할 수 있게 되었습니까?"

그러자 그는 이렇게 말했다.

"스케이트를 타보셨습니까? 처음에 남이 웃더라도 겁내지 말고 연습을 거듭하면 됩니다."

인간은 사회적 동물이다. 입을 열어 말을 할 수 있는 연습장은 도처에 있다. 운동을 자주 하면 건강해지듯, 말을 많이 하면 달변이 된다. 붉어지던 뺨이 점점 투명해진다. 그만큼 당신은 세상에 적응하고 있는 것이다. 생각이 사람을 바꾼다. 하지만 그 생각은 실천하고 행동하는 생각이다. 관찰하고 궁리만 하는 생각이 아니다. 이제 당신의 차례가 왔다.

잘될 수밖에 없는
대화법

초판 1쇄 인쇄 2023년 4월 7일
초판 1쇄 발행 2023년 4월 21일

지은이 이상각
펴낸이 구본건

펴낸곳 비바체
출판등록 제2021000124호
주소 (27668) 서울시 강서구 등촌동39길 23-10 202호
전화 070-7868-7849 **팩스** 0504-424-7849
전자우편 vivace@naver.com

ISBN 979-11-977498-7-2 03190